par Cauvin

ARREST

DE LA COUR

DU PARNASSE

Pour les Jesuites

POËME

Avec Notes et Figures

À DELPHES
Chez Pagliarini
Libraire

M.D. CC. LXII.
Avec Permission et privilége
d'Apollon

LETTRE

DE

PAGLIARINI,

PORTUGAIS,

A SON FRERE

Demeurant à Rome.

MON très-cher Frere, je viens de recevoir un Manuscrit du Pere Alphonse de Lyon, qui n'a d'un Jésuite que le nom & l'habit, & qui, s'il avoit été à Rome, auroit mérité, aussi-bien que moi, les cachos de l'Inquisition pour crime de leze-Société. Il avoit été soigneuse-ment caché dans un Ballot échappé à la vigi-lance de Mr le Prevôt des Marchands de Lyon, qui en a encore saisi une soixantaine, que l'on transporte à Paris pour les ouvrir le quatorze du mois de Mai prochain * devant la Statue de Henri IV, en présence du Parlement, les Chambres assemblées, lorsque le Clergé de France sera assemblé aux Grands-Augustins pour conserver les auteurs de la mort de ce bon Prince. L'on m'a assuré qu'il y avoit dans cette pacotille Jésuitique d'autres Manuscrits qui dévoileroient au Public des faits cachés, dont la connoissance lui causera un étrange étonnement. Je voudrois avoir le temps de donner tous mes soins à l'impression d'un Ou-

* Assassinat de Henri IV, le 14 Mai 1610.

a ij

vrage où le Clergé de France eſt repréſenté
comme prenant ouvertement le parti des ſoi-
diſans Jéſuites, contre l'intention de Sa Majeſté
Très - Chrétienne, & contre les Arrêts de tous
les Parlemens de ce Royaume. Il me paroît que
ces Evêques, au nombre de cinquante-un, ne
jouent point dans cette importante affaire un
perſonnage qui faſſe honneur à l'Epiſcopat, en
ſe déclarant les défenſeurs des Ennemis de la
Grace de Jeſus-Chriſt. J'avois toujours été per-
ſuadé que ces grandes Lumieres de l'Egliſe
ſuivroient les traces du grand Boſſuet, & n'a-
bandonneroient jamais la doctrine des Opuſ-
cules de ſaint Auguſtin, que j'imprimai en 1754
par les ordres du feu Pape, & avec l'Approbation du Maître du Sacré Palais.

Ce Manuſcrit eſt intitulé : *Arrêt de la Cour du
Parnaſſe pour les Jéſuites.* C'eſt un Poëme où
l'Auteur a perſonifié Borée, le plus robuſte
des Aquilons, pour avoir la force de porter
promptement ſur la terre, & juſqu'aux Enfers,
l'Arrêt qu'il ſuppoſe avoir été rendu ſur le
Parnaſſe. Le Vent refuſe de partir, ſur les bruits
certains des Arrêts rendus à Paris, à Rouen,
à Rennes, & dans les autres Parlemens de
France, dont il rapporte quelques traits. Le
Poëte lui perſuade de prendre ſon vol, ſur les
fortes raiſons qu'il lui donne du rétabliſſement
des Jéſuites en 1603. L'Aquilon d'une ſeule
haleine ſe tranſporte à Rome. C'eſt-là que
l'Auteur place la Chambre des Méditations, dont
il fait une deſcription ſi vive & ſi frappante,
qu'il n'eſt pas poſſible d'imaginer dans l'Univers
des monſtres plus affreux que les ſoi-diſans
Jéſuites. Le Général de cette noire cabale y eſt
repréſenté comme un Dieu, devant lequel tout
genou fléchit ſur la terre. Il ſe déchaîne contre

les Parlemens, & jure leur perte, tenant toujours en main l'Arrêt que l'Aquilon lui avoit
remis. Vient ensuite cet Arrêt de la Cour du
Parnasse. Apollon, au milieu des Muses, se
plaint de la mésintelligence des Généraux, &
prend de-là occasion d'ordonner à Momus de
leur distribuer des Couronnes, & de s'entre-
tenir avec Thalie sur la réunion de l'Opéra
Comique avec la Comédie Italienne. Il passe
ensuite légerement sur les plaisirs de ce nouveau Spectacle, & tombe ensuite sur les Jésuites, fideles soutiens de l'une & de l'autre Scene.
Comme il menace Momus d'un éxil de six
mois, à cause de son absence qu'il ignore,
Melpomene excuse le Dieu de la Marotte, &
représente au Souverain de l'Hélicon que le
Clergé de France lui ayant rendu un service
signalé, en conservant les Jésuites qui enseignent le meurtre & le Régicide, elle éleve un
Temple, où ils offriront le sang des Têtes
Couronnées que les Jésuites auront versé.
Apollon approuve la dédicace du Temple, &
conclut à conserver les Jésuites en France,
malgré les Arrêts des Parlemens. Après la
lecture de cet Arrêt, le Général de la Société
fait l'éloge d'un Prélat qui lui est entierement
dévoué. Voilà, mon très-cher Frere, le plan
de l'Ouvrage que je vous envoie. Je vous prie
d'en presser l'édition, afin qu'on puisse en faire
des présens à Mrs les Prélats, qui s'assemble-
ront au mois de Mai prochain pour ratifier ce
que l'on a fait à la derniere Assemblée en faveur
de la Société. Je vous envie le bonheur de
contribuer à démasquer les Jésuites, & à faire
connoître ces Loups revêtus de la peau de
Brebis, en un temps où les Evêques de France
les regardent comme des Apôtres. Sa Majesté

Très-Fidele m'accable d'honneurs & de bienfaits, & m'empêche de fuivre mon goût décidé
à manifefter le jour de la vérité, obfcurcie par
les Ecrivains de la plus perverfe de toutes les
Compagnies. Quand on eft forcé par le rang
& la diftinction à prendre foin d'une Crèche,
au lieu d'une Preffe, l'on a fouvent l'efprit
préoccupé de l'éclat d'un brillant équipage;
mais mon efprit eft plus fouvent occupé de la
Crèche de Bethléem, que de celle de Son Ex-
cellence Mr le Marquis de Tannucci. Soyez
pleinement convaincu que fi les honneurs
changent les mœurs, les miennes auront toujours la fimplicité recommandée au Chrétien,
qui doit fe regarder comme un Voyageur fur
la terre, & qui n'a de demeure fixe que dans
le glorieux Séjour des Amis de la grace & de
la vérité.

PAGLIARINI, Portugais,
Secrétaire de la Légation.

De Naples, le 18 Avril 1762.

ARREST

ARREST
DE LA COUR
DU PARNASSE;
POUR LES JÉSUITES.

POËME.

 'ANNONCE en ce Poëme un Arrêt du
'Parnasse,
Rendu contre Thémis pour les Enfans
d'Ignace.
La Muse dont la main couronne les forfaits,
A Lyon (*a*) m'a dicté le recit que j'en fais.
  Dociles Habitans de l'Empire d'Eole,
Portez l'Arrêt divin de l'un à l'autre Pole;
Toute Loi qu'on ignore, est morte & sans vi-
    gueur,
Et ne peut jamais faire un prévaricateur.

(*a*) A Lyon on a répandu des Lettres de Jussion pour
enregistrer l'Edit du mois de Mars 1762, où le Roi casse &
annulle tous les Arrêts que le Parlement de Paris a rendus
contre les Jésuites. Il n'y a rien de si faux que ces Lettres
de Jussion ; elles ont été pareillement répandues à Caën.

A

Pour le grand intérêt de l'Inigifte Race,
Qui du globe terreftre occupe la furface ;
Ce célebre Decret, des aftres defcendu,
Dans le vafte Univers doit être répandu.
Ne bornez point l'effort de vos ailes légeres
A tranfporter l'Arrêt fur les deux Hémifpheres ;
Du ténebreux Sejour allez percer la nuit,
Faites entendre aux Morts cet agréable bruit (a):
Et que Malagrida (b), qui par l'onde du Tage
A paffé du bucher au lugubre Rivage,
Ceffe de s'alarmer fur la Société ;
Son dernier jour n'eft point en ce fiecle compté(c).
Les Mitres (d) autour d'elle ont fait une barriere,

(a) La nouvelle de l'Edit du mois de Mars a caufé une
fi grande joie à Nifmes, que tout le terroir a été dépouillé
de fes lauriers. Les Jéfuites en ont été couronnés, leurs
Congréganiftes en ont porté à la boutonniere de leurs habits, leurs Dévotes en ont paré leur fein, & leurs Ecoliers
en ont fait des guirlandes pour orner un feu d'artifice tiré à
ce fujet.

(b) Gabriel Malagrida, Jéfuite, brûlé à Lifbonne pour
crime de Leze-Majefté. Les Jéfuites le font à prefent paffer
pour un Apôtre, un Saint, un Prophéte ; quoique le Juge-
gement du coupable ait été folemnel, précédé d'une longue inftruction, prononcé après un fcrupuleux examen,
& juftifié d'avance par la bouche du coupable. C'eft le langage du Parlement de Rouen, dans fon Arrêt du premier
Mars 1762, qui condamne au feu un Libelle imprimé à
Liege, chez Syfimme, en 1762 ; il eft intitulé, Idée véri-
dique du Réverend Pere Gabriel Malagrida.

(c) En exécution de l'Arrêt du Parlement de Paris, du
6 Août 1761, les Penfionnaires du Collége de Louis-le-
Grand en font fortis le 31 Mars 1762, & ce Collége a été
fermé le lendemain premier Avril, avec le Noviciat. Le 23
Avril fuivant, tous leurs biens ont été faifis à la requête
des Lioncy & de M. le Procureur-Général ; de forte que
dans le reffort du Parlement de Paris il n'y a plus pour les
Jéfuites ni Ecoliers, ni Novices, ni Biens. Cette Cour
n'a point encore jugé l'Appel comme d'abus que M. le
Procureur-Général a interjetté de leur Inftitut.

(d) Le Clergé de France, affemblé par ordre du Roi
pour dire fon avis fur la Société des Jéfuites, l'a donné
d'une façon à faire entendre que les Jéfuites étoient bons

Pour y laiſſer renaître un Clement (a) , un Barriere (b) ,
Et ces Héros qui ſont l'eſpoir du ſombre Lac ,
Guignard (c) , Chaſtel (d) , Damiens (e) , Varade (f) , Ravaillac (g).

à être conſervés dans le Royaume. Il eſt vrai que les Prélats
au nombre de 45 ont été partagés ; les uns ont été con-
ſervateurs , les autres réformateurs , & d'autres deſtructeurs; mais ceux-ci en très-petit nombre. Tous les Parlemens
de France , juſques aux Conſeils ſouverains , ont demandé
l'apport des Conſtitutions des Jéſuites , imprimées à Prague en 1757 , avant que de prononcer leur jugement. D'où
vient que Noſſeigneurs les Evêques n'ont point pris ces ſa-
ges précautions dans une aſſemblée de cette importance ,
au moins par un acte authentique & connu du Public? Eſt-
ce que les Succeſſeurs du Vicaire de Jeſus-Chriſt ſont diſ-
penſés de ſuivre la regle donnée par ce Prince des Apôtres dans ſa premiere Epître , Chap. III. ℣. 15 ?» Soyez
» toujours prêts à repondre pour la défenſe de la Religion
» à tous ceux qui vous demandent raiſon de l'eſpérance
» que vous avez ; le faiſant toutefois avec douceur & re-
» tenue ; conſervant en tout une CONSCIENCE PURE ,
» afin que ceux qui décrient la vie ſainte que vous menez
» en Jeſus-Chriſt , rougiſſent de dire du mal de vous ». Il
eſt impoſſible que les Fidéles regardent comme pure la
conſcience des Prélats qui ſont d'avis de conſerver en
France les Jéſuites, CONVAINCUS d'enſeigner toutes ſor-
tes de crimes.

(a) Clément, [Jacques] aſſaſſina Henri III, Roi de France, le 1er. Août 1589. Les Jéſuites ont animé ce Parricide
par leurs prédications abominables , en ont fait l'éloge
dans des aſſemblées factieuſes , & l'ont fait célébrer par
les Ecrivains de la Société.

(b) » Barriere , [Pierre] avoit été inſtruit par Varade , &
» confeſſa avoir reçu la Communion ſur le ſerment fait en-
» tre ſes mains de vous aſſaſſiner«. C'eſt le langage du Parlement de Paris dans ſes belles Remontrances à Henri IV,
l'an 1603.

(c) Guignard , pendu & brûlé à Paris , pour avoir dit
qu'il étoit permis de tuer Henri IV , que l'action de
Clément , parricide d'Henri III , étoit un don du Saint-
Eſprit.

(d) Chaſtel, [Jean] diſciple des Jéſuites, frappa d'un coup
de couteau Henri IV. le 27 Novembre 1594. Heureuſement
le Roi ne reçut qu'une légere bleſſure à la lévre ; ce qui lui

En achevant ces mots , des froids climats de
l'Ourfe ,
Un Aquilon vers moi précipite fa courfe ,
Se repofe , refpire , & , quand il peut parler ,
Quel fujet , me dit-il , as-tu de m'appeller ?
Eft-ce pour tranfporter cet Arrêt du Parnaffe ,
Rendu pour le falut des Héritiers d'Ignace ?

fit dire un jour dans un tranfport d'indignation contre la
Société : ,,Falloit-il donc qu'ils fuffent convaincus par ma
,, bouche?

(e) Damiens brûlé à Paris le 28 Mars 1757 pour avoir
voulu affaffiner Louis le bien-aimé , Roi de France , le 5
Janvier 1757. Ce régicide a été commis la même année
que les Jéfuites ont fait imprimer leurs Conftitutions à
Prague , leur Bufembaüm à Lyon par les freres Detour-
nes , fous le titre de Cologne ; un mois après le lit de Juftice , où le Roi n'attribue à la Conftitution *Unigenitus*
ni la dénomination , ni le caractère , ni les effets de regle de foi ; quatre mois après l'Inftruction paftorale de M.
de Beaumont , Archevêque de Paris , durant fon exil à
Conflans ; inftruction où ce Prélat avance que la doctrine
contradictoire des cent & une Propofitions doit être re-
gardée comme appartenante à l'enfeignement de la Foi
& à la doctrine de l'Eglife. Robert Damiens a paffé une
grande partie de fa vie chez les Jéfuites. L'on remarque
que les affaffins des Têtes couronnées ont eu des Jéfuites
pour Maîtres ou pour Confeffeurs. Le Parlement de Paris
a fermé la bouche aux affaffins des corps ; quand eft-ce
que les Evêques fermeront la bouche aux affaffins des
ames ?

(f) Varade brûlé en effigie à Paris , pour avoir encouragé
Barriere à affaffiner Henri IV. Ce Recteur des Jéfuites avoit
été Confeffeur de l'affaffin.

(g) Ravaillac affaffina Henri IV. le 14 Mai 1610. Cet
affaffin fut brûlé à Paris ; il eut pour Confeffeur le Pere
d'Aubigny : confulté fur cet attentat , & confronté avec
Ravaillac , ce Jéfuite fe tira de l'interrogatoire fait par M.
le premier Préfident, en cette maniere : ,, Dieu a donné aux
,, uns le don des langues , aux autres le don de prophétie ,
,, & à moi le don d'oubliance des confeffions ; au furplus
,, nous fommes religieux , qui ne fçavons ce que c'eft que le
,, monde , qui ne nous mêlons & n'entendons rien aux
,, affaires d'icelui. Je trouve au contraire , dit le premier
,, Préfident , que vous en fçavez affez , & ne vous en mê-
,, lez que trop. ,,

J'ai vu fur mon chemin des abîmes ouverts ;
Et l'on crioit par tout : Jette donc ces pervers ,
Jette ; c'eſt trop long-temps ſuſpendre ta ba-
lance ,
Tu vois leurs noirs forfaits , Thémis , ſauve la
France.
A tes genoux en pleurs elle implore ton bras ,
Et te demande enfin la mort des ſcélerats.
Comment peux-tu ſouffrir ces puantes ordures(a) ;
Qu'ont offert à tes yeux leurs ſales Ecritures ?
Laiſſe-les aux Prélats , amateurs d'un bourbier
Du Laïque abhorré dans l'Univers entier.
 Contre un cri redoublé , que le Ciel auto-
riſe ,
Je ne puis me promettre une heureuſe entre-
priſe ;
Je vais par un exemple en cent lieux rapporté ,
De mon raiſonnement augmenter la clarté :
Le ſoi-diſant Jéſuite , elévé juſqu'aux aſtres ,
De ſon pied déjà touche au plus grand des dé-
ſaſtres.

(a) Le Parlement de Paris a fait un Recueil de l'enſeignement des Jéſuites , depuis 1600 juſqu'à 1759 , intitulé ,
*Extraits des Aſſertions dangereuſes & pernicieuſes en tout
genre , ſoutenuës & enſeignées par les ſoi-diſans Jéſuites.*
Il eſt bien étonnant que les Magiſtrats faſſent l'ouvrage des
Evêques , à qui il eſt ſpécialement recommandé d'être
ſaints , de rendre ſaints les peuples qui leur ſont confiés,
& de donner leur vie pour le ſalut de leur troupeau. Les
Evêques de Portugal ont fait des Mandemens pour condamner la doctrine perverſe de la Société , qui n'a qu'un
même langage dans le monde entier ; & les Evêques de
France ſeront des chiens muets, qui n'auront pas la force
d'aboyer ! En les voyant obſtinés à conſerver les Jéſuites
convaincus d'être coupables de crimes en tout genre , n'au-
rai-je pas raiſon de leur dire , avec le même courage que S.
Pierre le diſoit aux Juifs Déicïdes ? » Vous avez renié le
» Saint & le Juſte, que vous avez condamné à mort; & vous
» avez demandé grace pour un homicide. *Acte des Apô-*
» *très , Chap. III. X. XIV.*

A iij

Tu fçais qu'entre les Dieux, dans les champs
    Phrygiens,
L'un étoit pour les Grecs, l'autre pour les
    Troyens:
Pallas nous imploroit pour la Flotte Argienne,
Et Venus protégea le ravisseur d'Heleine.
Aujourd'hui la Discorde a pour le noir Troupeau,
De ce même vertige échauffé le cerveau;
Je ne crains pas pourtant qu'en aucun lieu du
    monde
Ils tirent du secours de la fille de l'Onde.
Près des Graces ils font des Narcisses glacés,
Et des traits de leurs yeux font rarement blessés.
De la sage Pallas recevront-ils l'Egide,
Quand elle appercevra leur ame régicide?
La Deéffe aime trop le Monarque François.
Chez les Dieux des combats auront-ils un accès?
Mars au Monde nouveau, pour eux si plein de
    charmes,
Trouve contre deux Rois (a) ces Moines fous les
    armes.
Neptune les regarde avec des yeux jaloux;
Plutus ne peut les voir fans fe mettre en cour-
    roux.
Le Parnaffe est pour eux; l'Olympe les écoute:
Mais Thémis les pourfuit fous la célefte voûte.
A Rennes, à Roüen, les Jéfuites confus,
Gémiffent des Arrêts pour leur perte rendus.
    La Chalotais a fait des Statuts Jéfuitiques (b);

(a) En Amérique les Jéfuites ont fait revolter les Sauva-
ges contre leurs légitimes Souverains, & fe font mis eux-
mêmes à la tête des troupes, qui ont remporté plufieurs
avantages fur les armées combinées d'Efpagne & de Portugal.
    (b) Louis-René de Caradeuc de la Chalotais, Procu-
reur-Général au Parlement de Bretagne, a rendu en Dé-
cembre 1761 un compte des Conftitutions des Jéfuites,
lequel a reçu un applaudiffement général de la Ville & de

Un, rapport où l'on voit qu'ils font tous fanati-
    ques ;
Que l'orgueil ignorant, du Pape a fait un Dieu,
D'Ignace un Potentat, toujours mis en fon lieu ;
Que ce Corps, quoiqu'admis, comme bon dans
    fa fource,
A perdu fa bonté par une longue courfe ;
Que l'éloge qu'à Trente (a) autrefois il reçut,
Ne peut point, tel qu'il eft, excufer fon Statut ;
Que, quoiqu'il ait prêché, baptifé comme un
    autre,
Le perfide Judas perdit le nom d'Apôtre ;
Que l'Eglife de Dieu rejette de fon fein
L'Impudique, le Chien, l'Avare & l'Affaffin ;

la Cour. Ce Procureur du Roi a véritablement été l'organe
de fon Souverain, qui aime la droiture, l'exactitude, la
modération & l'impartialité, & qui entend que le Sujet
foit foumis, le Moine religieux, le Prélat pafteur, & le
Roi Souverain.

(a) Le Concile de Trente a appellé *faint* un Statut qui a
été appellé impie par les Prélats de Portugal & par les
Parlemens de France. Pourquoi cette diverfité de Juge-
mens ? Parce qu'on ne connoît un arbre que par fes fruits.
Il y en avoit déja cependant qui étoient mauvais du
temps même de ce faint Concile, puifqu'il s'éleva une
voix qui dit : *Chaffez ces Pélagiens* ; mais Dieu permit
qu'elle n'eut pas affez de force : il étoit refervé à notre
fiécle de les chaffer comme des chiens. Cette hon-
teufe qualité, qui leur a été prophétifée avec deux autres qui fe font accomplies, fe vérifie à préfent. Ils ont
été rufés comme des renards, dans le premier fiécle ; terribles comme des lions, dans le fecond ; ne font-ils pas
vils comme des chiens dans le troifieme ? Mais ils n'ont
pas reçu autant de coups qu'ils en ont donnés ; l'on n'ouvrira ni les prifons, pour enfermer les vivans, ni les tombeaux pour faire injure aux morts. La France chrétienne
defire de tout fon cœur que cette Société impie, étant
couverte à préfent de toute l'ignominie qu'elle mérite,
cherche Dieu, dont elle a combattu la grace dès le moment de fa naiffance jufqu'à ce jour, où le Roi de France
fait voir à tout l'Univers qu'il eft véritablement le Roi très-
Chretien, en chaffant de fon Royaume les grands ennemis
de la grace de Jefus-Chrift.

Que le Code des Loix , donné par l'Inigifte ;
Sans un autre, fecret , qui dans le fait exifte,
Eft un tiffu d'abus d'une étrange façon ,
Et le renverfement de la droite Raifon ;
Qu'il a tout violé , droit des gens , droit des
    Villes ;
Qu'il rend les fages Loix des remparts inutiles ;
Qu'il a perdu l'Eglife & brouillé les Etats ;
Que le monde rougit de fes noirs attentats ;
Que ceux qui n'ont reçu du pouvoir fur la terre
Que pour faire au demon une éternelle guerre,
Sont eux-mêmes le fort d'où ce Malin-Efprit ,
Combat ouvertement la Foi de Jefus-Chrift ;
Ordonnent à leur gré du temporel des Princes ,
Semblent être, en naiffant, maîtres de leurs Pro-
    vinces ,
Et font , s'ils condamnoient leurs horribles ex-
    cès ,
Je fremis de le dire , auffi-tôt leurs procès ;
Que trop long-temps la France en proie à leur
    malice,
A vu fes chers Enfans aux bords du précipice ;
Que cet Arbre fécond en fruits les plus amers ,
Doit ceffer d'en produire aux yeux de l'Uni-
    vers.
    Roüen a déja mis le fer à fa racine (a) ;
Le Jéfuite , a-t-il dit , eft à la Loi Divine

(a) Le Parlement de Rouen a jugé à propos d'apporter dans fon reffort un prompt remede au mal que les foi-difans Jéfuites ont fait depuis deux fiecles. Sa conduite ne peut être attribuée qu'à l'excès de l'amour qu'il a pour fon Souverain. Ce n'eft point à nous à pénétrer les mouvemens fecrets de cette Cour fidelle ; elle a fait brûler le 12 Février 1762 les Conftitutions des foi-difans Jéfuites, comme attentatoires à toute autorité fpirituelle & temporelle , irreligieufes & impies ; & par une conféquence naturelle , ce zélé Parlement a défendu à tous Sujets du Roi de vivre en commun fous l'empire defdites Regles. Il eft vrai qu'en aucune maniere il ne faut jamais fouffrir l'impiété réunie dans un Royaume chrétien.

Contraire en son statut, rempli d'impiété,
Assez & trop long-temps nous l'avons supporté;
Que la haine qu'il a pour notre aimable Prince,
Le rende pour jamais banni de la Province;
Ou, s'il veut vivre ici sous le meilleur des Rois,
Qu'en tout point de l'Etat il observe les Loix;
Que du grand Bossuet, le flambeau de son âge,
En quatre Chefs écrit il suive le langage;
Ne nous offre qu'un Glaive avec la Papauté,
Et ne lui donne plus l'infaillibilité :
D'un fanatique Esprit dangéreuse entreprise,
Dogme pervers, affreux, inventé dans l'Eglise;
Pour rendre ses beaux champs, les champs de
    Lucifer,
Et faire prévaloir les portes de l'Enfer.
    De ce tronc, si mortel à l'enfance volage,
Paris plus lentement élague le feuillage (a).

(a) Le Parlement de Paris n'a point fait un faux pas depuis qu'il a entamé l'affaire des soi-disans Jésuites. Il a
voulu exposer aux yeux du Public les ténébres de l'erreur
répandues dans tous les Ecrivains de la Société; afin que
lorsqu'il viendra à les dissiper par les rayons de sa lumiere,
ce Public judicieux rende gloire au Pere des lumieres d'a-
voir donné tant de force au premier Parlement de France,
qui méritera véritablement l'honneur d'être appellé l'A-
REOPAGE de l'Univers. Le 27 Mars 1762 la Cour a arrêté
qu'il n'y avoit lieu à délibérer sur l'Edit du Roi con-
cernant la réforme de la Société. Il est dit dans cet Arrêté que le Parlement est convaincu que la Doctrine de la
Société est une Doctrine favorable à tous les crimes, soutenue dans tous les temps & persévéramment par ladite
Société : la persévérance dans le bien mérite le salut; la
persévérance dans le mal mérite la mort. Après la pleine
& entiere conviction où est le Parlement de Paris, que la
Société des soi-disans Jésuites a persévéré dans l'enseignement de toute sorte de crimes, il ne doit plus écouter que
l'adorable langage de celui qui a dit : *Je suis l. Alpha &*
l'Oméga, le premier & le dernier, le commencement &
la fin : chassez les Chiens, les Empoisonneurs, les Forni-
cateurs, les Homicides, les Idolâtres, & quiconque ai-
me & fait le mensonge. Apocalypse de S. Jean, Chap.
XXII. ℣. XIV.

Avant de ſtatuer ſur le coup de ſa mort,
Sa prévoyance veut, en ſon vaſte reſſort,
Sçavoir exactement qui remplira la place
Qu'occupoit, en payen, l'indigne fils d'Ignace.
Il a fait un Recueil de traits d'obſcénité,
De tout temps enſeignés par la Société.
Jamais pareille ordure, à la pudeur fatale,
Ne ſouilla le Cynique en une Lupercale.
La main privée y prend les perverſes leçons
De répandre le ſang de toutes les façons.
Les aſſaſſins des Rois, ces ames exécrables,
Y trouvent des Martyrs les palmes admirables.
Sous les couleurs du bien l'on y dépeint le mal ;
Le faux ſaiſit du vrai le précieux canal ;
Et, ce qui fait horreur, il faut toujours à Ro-
me,
D'un œil reſpectueux voir un Dieu dans un
homme,
Adorer à genoux ſes Decrets ſouverains,
Et prendre aveuglément le poignard de ſes mains.
Tel eſt le court précis de cet Ouvrage immenſe,
Conſacré par Thémis au ſalut de la France.

Qu'entends-je ? l'Arbre crie, il penche, il eſt
verſé,
Juſqu'au thrône des Dieux ſon grand bruit a
percé ;
La Terre en tremble encore, & ſa chûte fatale,
Portera la terreur ſous la Voûte infernale.

Les autres Parlemens du même zèle épris,
Sans obſtacle ont ſuivi Roüen, Rennes, Paris ;
Thémis, malgré Phébus, dans leur Aréopage,
Eguiſera ſon fer ſur un caillou du Tage.

Du Dieu qui tient ſon thrône au haut du Fir-
mament,
Le ſilence en paroît être un conſentement.
Inſtruite du paſſé, pleine de prévoyance,
La Déeſſe l'entend pour le bien de l a France.

Qui peut fufpendre un glaive, & le laiffe partir,
Veut la mort du coupable, & non le repentir.
Il eft certains forfaits dont l'odieufe trace
Ne peut en aucun temps fouffrir la moindre
  grace.
Souvent une premiere encourage le bras (a)
De ceux pour qui le crime a de charmans appas;
Gardien d'un Monument indigne de lumiere,
Laiffe-moi vers le Nord reprendre ma carriere.
  De cet événement ne fois point étonné ,
Tout vrai Jéfuite doit en être confterné,
Dis-je au Vent, qui vouloit s'épargner un voyage;
Prends l'Arrêt , pars , & faits fans délai ton mef-
  fage.
Ce bruit encor plus grand jadis , dans l'Univers
Répandit la frayeur fur cent Peuples divers.
Il fe perdit enfin, & le Jéfuite en France
Vit croître fon crédit, fa gloire & fa puiffance,
De tous fes attentats il crut être lavé ,
Quand aux yeux du Public fon bras eut enlevé
L'odieux Monument (b) qui tranfmettoit fon
  crime.
Des plus hauts monts alors fon front paffa la
  cime.
Son Chef devint plus grand qu'un Empereur
  Romain.
Tout plia fous le poids de fon bras fouverain :
L'Evangelique Efprit fut l'objet de fa rage,
Il fit un grand défert du plus faint héritage :

(a) Le rappel des Jéfuites en France par Henri IV en
1603, a accéléré la mort de ce grand Roi, a produit la
deftruction de tout bien en France, a donné lieu à l'attentat de Louis XV. On n'a plus entendu parler de Conf-
pirations de poudres en Angleterre, depuis que les Jéfuites en ont été chaffés.
(b) Pyramide à quatre faces , avec quatre Infcriptions ,
élevée devant le Palais , au même endroit où étoit la maifon de Chaftel , & détruite au mois de Mai 1605, dix ans
après qu'elle eut été élevée.

A vj

Il mit une ferrure aux lévres des Docteurs :
Il fit paſſer pour faux les vrais Prédicateurs.
L'or de la vérité fut revêtu d'ordure ,
Et le Thrône voilé des mains de l'impoſture.
Un deſpotiſme affreux lui tint lieu de raiſon :
Le rebelle à ſa voix fut conduit en priſon.
La cendre des tombeaux n'étoit point reſpectée :
Par toi-même elle fut dans les airs emportée,
Souviens-t-en; tu n'oſois la mettre en mouvement;
Tu frémis d'un forfait que tu vois rarement :
Mais Rome avoit parlé par ſa bouche adorable,
Rome devoit avoir un cœur inexorable.
Près de ce Chef cruel , Rome elle-même a peur ,
Et paroît en tremblant aux pieds de ſa grandeur.
Du Palais de la Nuit à celui de l'Aurore ,
Il paſſe pour un Dieu que l'Inigiſte adore.
Ricci le repréſente , il a les mêmes droits :
Il tient ſous ſa puiſſance & Pontifes & Rois.
Sans avoir ſur ſon front l'éclat d'une Couronne ,
Du Tibre il fait trembler les Mogols ſur leur
    thrône.
Quelle crainte auroit-il , quand près de leur ber-
    ceau (a)
Aux Jéſuites Thémis creuſeroit un tombeau?
Fût-elle à leurs Statuts une fois plus funeſte ,
Que peut-elle oppoſer au mouvement céleſte ?
S'inſcrira-t-elle en faux ? De l'un à l'autre bout
La pure vérité l'accompagne par-tout.
Fera-t-elle fermer leurs antiques Ecoles ?
Ses démarches feront toutes priſes pour folles.
Voudra-t-elle tenter de leur changer l'habit ?
D'Ignace dans le cœur ils porteront l'eſprit.

(a) Les Jéſuites ont appellé berceau de la Société une Chapelle qui eſt à l'Abbaye de Montmartre , près Paris. C'eſt-là qu'Ignace , avec ſix autres Compagnons , fit des Vœux le jour de l'Aſſomption 1534 , entr'autres celui de quitter tout ce qu'ils poſſédoient au monde. Le vrai tombeau de la Société eſt creuſé par le Parlement de Paris.

Fera-t-elle brûler leurs divines Brochures ?
Ils en auront toujours pour les races futures.
Leurs chers Bufembaüms, dans Argentan fer-
    rés (a),
Seront chez nos Neveux des Volumes facrés.
Leur Doctrine fera de l'Univers connue ;
On ne les lira plus qu'à genoux, tête nue.
Rendra-t-elle Paris de Rome indépendant (b) ?
Dans Paris, Rome aura plus d'un correfpondant.
Les Membres d'un grand Corps dont la terre eft
    couverte,
Toujours avec leur Chef ont une porte ouverte.
Si nous en exceptons le Procès de Damiens (c),
Des Faftes Anglicans, aux Faftes Péruviens,
Des Jéfuites par-tout nous trouverons la trace.
Sous tout habit (d) le monde a des Enfants d'I-
    gnace.

(a) Argentan, Ville de Normandie, où les Officiers
de Juftice ont trouvé un grand nombre d'Exemplaires de
Bufembaüm chez les foi-difans Jéfuites, en un Château
dont le P. Dirlande étoit Gouverneur.

(b) L'Edit du Roi du mois de Mars dernier faifoit men-
tion d'un démembrement des Jéfuites de France d'avec le
Général, qui fait fa réfidence en Italie.

(c) L'on trouve les Jéfuites par-tout ; & l'on ne les
trouve point dans le Procès de Damiens : c'eft le langage
d'un Magiftrat du Parlement, que le Public nous difpen-
fera de nommer.

(d) La Compagnie des Jéfuites, dit Pafquier, eft compofée de toute efpece de gens, les uns pour la plume,
les autres pour le poil. L'Edit du Roi du mois de Mars
dernier, à l'article des Affociations, défigne des Jéfuites
de tout Etat & de toute Nation, incorporés à la Société. Tels font Céfar de Borgia, Duc de Gandie, le Cardinal des Urfins, Pierre Jarrige, le Cardinal d'Anghi,
le Seigneur de Tufo, Florentin, un Noble Vénitien, le
Cardinal de la Rochefoucault, Abbé de Sainte Genevié-
ve, Gilles le Blanc de la Beaume de la Valliere, ancien
Evêque de Nantes.

Sous le Turban Chinois (*a*) , fous le Rational (*b*) ,
Sous la peau du Chevreau , fous le manteau
    Royal.
   Dira-t-elle qu'ils n'ont aucun nœud qui les lie
A ce Chef d'Affaffins qui régne en Italie,
Parce qu'un vœu doit être excité dans le cœur,
Non pour être méchant , mais pour être meil-
    leur ?
Que n'ayant pour foutien qu'une Loi régicide,
Il eft nul de plein droit , le bon fens le décide.
   Chez le Congréganifte on dira hautement :
En France a-t-on befoin d'avoir un Parlement ?
Il n'eft bon qu'à femer le trouble dans l'Eglife ;
A défendre l'erreur qu'elle anathématife ,
A réfifter fans ceffe aux Loix du Vatican ,
A fuivre les fentiers du Sénat Anglican.
Les Fils de Loyola , fondés fur mille titres ,
Ne valent - ils pas mieux ? Ils font l'appui des
    Mitres ,
Du Thrône & de l'Etat les zélés défenfeurs ,
Et de nos doux penchans les commodes cenfeurs.
La chaîne qui les lie à leur puiffant Monarque ,
Ne peut fe dénouer que des mains de la Parque ,
Ou par le bon plaifir de cette autorité
Qui fçait tout diriger à fon utilité ,
Sous peine d'être un jour écrafé de fa foudre :
Nul Juge Séculier ne peut jamais diffoudre
Leur lien contracté par un vœu folemnel (*c*) ,
Sous les témoins conftans du Ciel & d'un Autel.

   (*a*) Dans les Indes les Jéfuites prennent en certains
jours l'habit de Mandarins.
   (*b*) Vêtement du Grand-Prêtre des Juifs.
   (*c*) Le Réquifitoire de M. le Blanc de Caftillon , Avocat Général du Roi au Parlement de Provence , fur les
Vœux des Jéfuites , eft un chef-d'œuvre qui mérite d'auffi
grands applaudiffemens que celui de M. de la Chalotais.
Un feul trait fuffira pour le faire connoître : » Les Vœux
» des Jéfuites font des Vœux qui immolent à la volonté

Dût-il avoir pour bafe un Statut exécrable ;
Dès qu'il fort de la bouche , il eft inviolable.
Fermes comme des rocs fur la foi du ferment ;
Les Jéfuites n'ont point un autre fentiment.
Que Thémis s'abandonne à fa fureur barbare ,
Ils s'attendent aux maux que fa Cour leur pré-
    pare :
Leurs cœurs font au-deffus des traits contr'eux
    portés.
C'eft le fort des Héros d'être perfécutés.
Mais fouvent au moment d'être mis fous la tombe,
L'opprimé s'en releve , & l'oppreffeur y tombe.
    D'un vrai Régicidifme (a) étant bien con-
    vaincus,
Et dans la théorie , & par des faits connus ;
Les Jéfuites enfin feront-ils du Royaume
Profcrits (b) contre l'avis du Sanhedrin de Ro-
    me ? (c)

» fuprême d'un Chef , dont la puiffance eft fans bornes ;
» toutes les facultés de l'ame , raifon, confcience, doc-
» trine , tout ce qui eft inaliénable dans l'homme , dans le
» Sujet , dans le Chrétien. *Arrêt du Parlement de Pro-*
» *vence du 6 Mars 1762.* ''
  (a) La doctrine du Régicide eft portée dans les Affertions du Parlement de Paris à un tel point d'évidence ,
qu'il n'eft plus poffible d'en douter.
  (b Le Parlement de Paris a dit le 13 Février 1561 : » La
» Cour , tout confidéré, a ordonné & ordonne que l'Acte
» de réception & approbation faite au Concile & Affem-
» blée à Poiffy, fera enregiftré au Greffe d'icelle Cour , par
» forme de Société & Collége , qui fera nommé Collége
» deClermont.   Le même Parlement a dit le 6 Août 1561:
La Cour fait inhibition & défenfes aux Prêtres, Ecoliers &
autres foi-difans de la Société de Jefus , de continuer au-
cunes Leçons publiques ou particulieres de Théologie ,
Philofophie ou Humanités , à compter du premier Avril
prochain 1762. Ce premier Avril eft paffé ; les foi-difans
Jéfuites, que font-ils dans le reffort de la Cour ? *Des Su-*
jets du Roi, s'ils veulent fe dépouiller de l'habit & de
l'efprit de la plus perverfe de toutes les Sociétés.
  (c) Le Général des Jéfuites a répondu au Roi qui de-

Les Jésuites hardis fronderont ses Arrêts,
Et d'un nouveau Duprat trouveront le Palais (a).
   Touché de mon discours, Borée en l'air s'é-
     lance,
Traverse en un clin d'œil l'horison de la France,
Passe rapidement les Alpes, l'Appenin,
Et va reprendre haleine au Mont Capitolin.
   Sur les antiques bords d'une Onde ambitieuse,
Qui fut sous les Césars des Mers victorieuse,
S'éleve un Edifice, où la Société
A de tous les Vainqueurs rassemblé la fierté
Dans le seul Potentat qui la régit, l'inspire,
Et du vaste Univers compose son Empire.
Le dehors en est simple, & tel que son habit :
Le dedans tortueux ressemble à son esprit.
Non loin d'un lieu sacré, pour tromper l'ame
     pure,
Vers le Soleil couchant est une route obscure,
Qui conduit l'Inigiste en un sombre séjour (b),
Où depuis deux cens ans on n'a point vu le jour.

mandoit une réforme; » Que les Jésuites soient ce qu'ils
» sont, ou qu'ils n'existent plus«. Les Jésuites sont Régici-
des ; le Roi ne doit point les garder dans son Royaume.

(a) Guillaume Duprat, Evêque de Clermont, donna par
Testament des sommes considérables aux Jésuites, & les
logea en son Hôtel de Clermont à Paris. Ce Duprat
étoit bâtard du Chancelier Duprat, Cardinal & Légat,
qui voulut acheter la Papauté cent vingt mille livres. Cet
argent passa du Cardinal à l'Evêque, & de l'Evêque à la
Société, qui se plaça au-dessus des Souverains Pontifes;
ainsi il a eu indirectement l'emploi auquel il étoit destiné.

(b) Chambre des Méditations, où les Jésuites condui-
sent ceux qu'ils veulent initier dans leurs mysteres d'i-
niquité. Jean Chastel avoua dans ses interrogatoires qu'il
avoit souvent été à la Chambre des Méditations du Collége de Clermont, où les Jésuites introduisoient les plus
grands pécheurs, qui voyoient en icelle Chambre les por-
traits de plusieurs Diables de diverses figures épouventa-
bles. . . . . Qu'il avoit oui dire aux Jésuites qu'il étoit loi-
sible de tuer le Roi, & qu'il étoit hors de l'Eglise. L'on
est hors de l'Eglise, quand on est excommunié : un excommunié est tuable, suivant la doctrine de la Société.

Aux Externes pervers la porte eſt interdite;
Elle ne peut s'ouvrir qu'à la Race bénite.
Un Monſtre à triple corne, au regard furieux;
Sans relâche en défend l'entrée aux Curieux.
Il a dans ſon goſier trois langues de vipere,
Plus piquantes cent fois que les dards de Cerbere.
De lugubres flambeaux, de réſine formés,
Sont autour du Cachot jour & nuit allumés.
Dans le fond, ſous un Dais ſuſpendu par l'Envie,
Eſt un Thrône porté par un Tigre en furie.
Deux grands rideaux moirés, ſous des rubans de
    deuil,
L'entourent, ſoutenus de la main de l'Orgueil.
Là s'aſſied, le front ceint d'une aigrette infer-
    nale,
Le formidable Chef de la noire Cabale.
A droite eſt l'Avarice avec l'Impiété.
Le Meurtre & le Larcin ſont de l'autre côté.
Sous ce Thrône eſt placé le gouffre impénétrable
Qui reçoit les tréſors ſurpris au miſérable.
On y verroit encore, aux mêmes ſacs roulé,
L'or qu'à Seville (a), à Breſt, l'Inigiſte a vo-
    lé (b).
Autour de cet abyſme on remarque l'Uſure
Sur des monceaux d'écus entaſſés ſans meſure;

(a) En 1646 arriva la fameuſe banqueroute de Seville
en Eſpagne. Dom Palafox, dans une Lettre qu'il écrivit
à ce ſujet à Innocent X. le 8 Janvier 1649, en fait une
deſcription lamentable. » Toute la grande & populeuſe
» Ville de Seville, dit-il, eſt en pleurs, très-ſaint Pere :
» les veuves de ce Pays & les orphelins ſe plaignent avec
» cris & larmes d'avoir été trompés par les Jéſuites,
» qui après avoir tiré d'eux quatre cens mille ducats, &
» les avoir employés pour leur uſage particulier, ne les
» ont payés que d'une honteuſe BANQUEROUTE. «
(b) Ambroiſe Guys, né à Apt en Provence, marié à
Marſeille, paſſe au Bréſil, y amaſſe de grandes richeſſes;
environ quarante ans après il revient en France, en 1661,
arrive à Breſt, apporte avec lui un grand coffre fort pe-
ſant, & des Lettres pour les Jéſuites; il tombe malade à

Le Fourbe, ayant en main deux regles & deux
    poids ;
Le Fauſſaire, du Vrai falſifiant la voix ;
Le Flatteur, en tous lieux ſemant la calomnie ;
L'Hypocrite courant après la Simonie,
Juſques à ce qu'il ait par ſes mains accroché
Canonicat, Chapelle, Abbaye, Evêché.
L'Enthouſiaſme outré, l'aveugle Fanatiſme,
Diſcourent vis-à-vis ſur le Probabiliſme (a) ;
Leur ſéduiſant langage eſt toujours écouté
De ceux qui d'Epicure aiment la volupté,
De l'oiſive Molleſſe, & de l'ame qui porte
Les déteſtables feux éteints dans la Mer morte.
Appuyé tout auprès ſur un Dragon cruel,
Un Hibou ſur ſon dos porte un Machiavel (b).

ce Port de mer de Bretagne, chez Guimar, Aubergiſte ;
il fait appeller les Jéſuites, ſe confeſſe au Pere Chauvel
de la Société, fait ſon Teſtament, lequel eſt reçu par des
Jéſuites déguiſés ; trois jours après ſon arrivée en cette
Ville maritime, il eſt tranſporté chez les Jéſuites avec ſon
coffre, & meurt chez eux quelques jours après ſon entrée
dans leur maiſon. Le cadavre d'Ambroiſe Guys eſt à Breſt ;
où eſt ſon coffre ? Sa Famille le reclame : le Procès eſt encore
ſous les yeux du Juge.

(a) Le Probabiliſme eſt une Doctrine ſuivant laquelle,
dans le concours de deux opinions, dont l'une eſt plus
probable & favorable à la Loi, l'autre moins probable
& favorable à la cupidité, il eſt permis de ſuivre celle-
ci dans la pratique.

(b) Nicolas Machiavel, auteur d'un Livre condamné par le
Concile de Trente, comme contenant des maximes qui dé-
truiſent la Morale Chrétienne & la Société civile. Le Roi de
Portugal, dans ſon Manifeſte, reproche aux Jéſuites de fon-
der le régime de leur Société ſur les impiétés de Machiavel. Le fait étant vrai, l'approbation donnée à l'Inſtitut
des Jéſuites par l'Egliſe aſſemblée à Trente, tombe d'elle-
même ; & ce ſaint Concile condamne les Jéſuites dans
Machiavel. Les Parlemens, qui n'ont point reçu la Diſ-
cipline de cette Aſſemblée générale, ſuivent néanmoins
ſon eſprit dans ce point ; & c'eſt à tort que le Clergé de
France blâme leur conduite, en diſant : » Les Parlemens ne

Il eſt du ſang des Rois écrit en plus d'un titre,
Et celui des Prélats y forme un long Chapitre.
Un Vieillard couronné d'un Serpent monſtrueux,
Eſt le Commentateur de ce volume affreux.
Des Novices tremblans, la face contre terre,
Appliquent leur eſprit à des travaux de guerre.
D'Ignace & du Démon, animants leurs Soldats,
Ils ſe peignent l'image au milieu des combats.
Les murs ſont décorés de diverſes peintures,
Qui préſentent aux yeux d'effrayantes figures,
Des fournaiſes de feu, du poiſon, & ces fers
Que Vulcain pour Clotho forge dans les Enfers.
Au plafond ſont tracés les exploits héroïques
Des Enfans d'Inigo dans les deux Amériques,
Et les *in-folio* qu'ont écrit Molina (*a*),
Sûarez (*b*), Eſcobar (*c*), Lorrin (*d*), Mariana (*e*).

» ſont pas plus que l'Egliſe «; parce que le Parlement de Normandie a appellé *impie* un Inſtitut que le Concile de Trente a appellé ſaint. Les Parlemens ne ſont pas plus que l'Egliſe; mais les Parlemens ſont des membres de l'Egliſe, qui ont droit de s'élever contre des Conſtitutions impies; qui diſent qu'il y a abus, & qui le montrent à tous ceux qui ont des yeux. Que devons-nous penſer de ceux à qui J. C. a dit: » Vous êtes le ſel de la » terre, vous êtes la lumiere du monde?

(*a*) La Doctrine de Molina, Jéſuite, eſt que le Pape peut dépoſer les Rois, & uſer contre eux du glaive ſpirituel, & que les Eccléſiaſtiques ſont exempts de la Puiſſance civile.

(*b*) Suarez, Jéſuite, dans la Doctrine de la Foi, Livre exécrable, brûlé par le Parlement de Paris, conclut qu'un Roi excommunié eſt tuable par le premier venu.

(*c*) Selon Eſcobar, Jéſuite, celui qui eſt proſcrit par le Pape, peut être tué par toute la terre, parce que la Juriſdiction du Souverain Pontife s'étend par tout le monde.

(*d*) Lorrin, Jéſuite, a dit que Phinéès a eu le Sacerdoce pour avoir tué Zambri & Corbi; Saint Pierre la Papauté, pour avoir coupé l'oreille au Serviteur du Grand-Prêtre; & Saint Ignace a mérité d'être Inſtituteur & Chef de ſa Compagnie, pour avoir voulu tuer un Maure blaſphémateur.

(*e*) Mariana, Jéſuite, auteur d'un Livre brûlé par le

Ravaillac & Clement, joyeux de leur victoire,
Sont conduits en triomphe en un Temple de gloire,
Où Guignard, fur l'Autel de l'Immortalité,
Leur offre le nectar qu'ils avoient mérité.
   C'eſt-là qu'avec l'habit, la taille & le viſage
Du bouillant Patouillet (a), le Vent s'ouvre un
     paſſage.
Il force le Silence à ſortir de ce lieu ;
Il s'approche du Thrône ; il adore le Dieu,
Et des mains de l'Orgueil au Succeſſeur d'Ignace
Il préſente l'Arrêt rendu ſur le Parnaſſe.
   Pour exprimer leur joie, à l'inſtant des Aſpics
Siflent un grand concert avec des Baſilics.
Au milieu des accords de cette aigre muſique,
Qu'interrompit le Chef du Troupeau fanatique,
   Je ſuis, lui dit Ricci, tenant en main l'Arrêt,
De ce préſent des Dieux pleinement ſatisfait.
Le Ciel combat pour nous, la preuve eſt mani-
    feſte.
Pour la deuxieme fois à la bonté célefte,
Qui nous a délivrés d'un opprobre éternel,
En ce lieu nous devons élever un Autel,
Où pour lui décerner des honneurs légitimes
Nous offrirons le ſang des Royales Victimes.
Ecoutez, mes Sujets, ſi ſoumis à mes loix,

Parlement de Paris, comme renfermant des blaſphêmes exécrables contre Henri III & contre les Puiſſances Souveraines.

(a) Patouillet, Jéſuite, auteur de l'Inſtruction Paſtorale publiée à Conflans par M. l'Archevêque de Paris le 10 Septembre 1756, & brûlée le 4 Novembre ſuivant par Sentence du Châtelet de Paris, comme renfermant des aſſertions dangereuſes & des conſéquences fauſſes, & contenant des propoſitions attentatoires à l'autorité du Roi, injurieuſes au Parlement & à tous les Magiſtrats, tendantes à émouvoir les eſprits & à troubler le ſilence. Ce Jéſuite fut alors enlevé de Paris, & transféré à Amiens en Picardie ; non par les ordres de ſes Supérieurs, mais par les ordres d'une de ces Puiſſances ſublimes qui ſont véritablement l'image de Dieu ſur la terre.

Vous qui, comme un cadavre & fans vie & fans
    voix,
Obéiffez fans ceffe à mon ordre fuprême,
Voyez par cet Arrêt combien le Ciel nous aime;
Mais avant tout, jurez, (ici tout eft permis,)
Ou la mort, ou l'exil de la Cour de Thémis.
Que dis-je ? Il faut jurer fa perte inévitable.
Trente exils, arrêtés en ce lieu formidable (a) ;
N'ont rien fait jufqu'ici fur un cœur forcéné,
Qui fe montre par-tout à nous nuire obftiné.
Elle ouvriroit les yeux des Têtes couronnées,
Qui pourroient à la fin changer nos deftinées,
Et frapper ce féjour de ce marteau fatal
Dont nos bras par les leurs ont frappé Port-
    Royal (b).
Nous ne faurions enfemble habiter fur la terre ,
Sans allumer les feux d'une fanglante guerre.
Elle veut m'enlever par fon glaive inhumain ,

(a) Les fréquens exils des Parlemens, & fur - tout
de celui de Paris , font prefque tous arrivés parce que
cette Cour Souveraine s'eft toujours oppofée aux erreurs
en tout genre que la Société des foi-difans Jéfuites a
enfeignées dans tous les temps. Il eft naturel de mettre
ce langage dans la bouche du Général, parce qu'il eft
l'ame de la Société, & le grand mobile du Confeil des
Princes.
(b) La deftruction de Port-Royal des Champs eft l'ouvrage des Jéfuites, & par conféquent celui de leur Général, qui commande & qui fe fait obéir. Cet événement, que l'on aura de la peine à croire dans le fiécle
à venir, arriva fous le Pontificat de Clément XI, fous
le régne de Louis XIV, fous le Cardinal de Noailles ,
Archevêque de Paris. Sur la fin de 1711 fe fit l'exhuma-
tion des corps enterrés à Port-Royal ; ils furent tranfportés
fur des charrettes à Saint-Lambert. Il y a eu de ces
corps mangés par des chiens. Que Dieu eft jufte ! Il ven-
ge à préfent les Défenfeurs de fa vérité, en faifant rentrer
dans le néant une Société née pour être la deftructrice
de tout bien. On a toujours dit que les Jéfuites feroient
écrafés par les pierres de Port-Royal, qui crient à préfent à leur tour contre la Société; » Rafez - la, rafez - la
» jufqu'aux fondemens. Pf. 137. 7.

De ma Divinité (a) le pouvoir souverain.

Je vous l'ai dit cent fois : c'eft une Cour profane ;

Aux poudres de Garnet (b) ma fureur la condamne :

Par la flamme elle a fait confumer nos Statuts (c) ;

Dans vos Vœux folemnels elle trouve un abus.

Nos Statuts font facrés : pour les vœux des Jéfuites ,

C'eft moi feul qui les puis rendre nuls ou licites.

Quand , pour aller chercher les negres Afri-
cains ,

Les Perles des Chinois, l'Or des Américains ,

(a) Les Conftitutions des Jéfuites leur font un précepte
de voir par-tout J. C. dans leur Général , qui devient
alors pour eux une efpece de Divinité fur la terre. C'eft-là
proprement l'éffet impie du defpotifme fpirituel , qui , fui-
vant le langage de M. l'Avocat général du Parlement de
Provence , immole la raifon de l'homme à la volonté fuprême d'un Chef dont la puiffance eft fans bornes. Ce qui
me porte à me recrier publiquement contre cette conféquence fanatique tirée par l'Auteur des Remarques fur le
beau Réquifitoire de M. de la Chalotais. » Donc l'Apôtre S.
» Paul fe trompoit étrangement, quand il difoit , dans fon
» Epître aux Ephéfiens (Chap. 6. ỵ. 4.) : » Serviteurs ,
» obéiffez à ceux qui font vos maîtres dans la chair, avec
» crainte & refpeft , dans la fimplicité de votre cœur,
» comme à Jefus-Chrift même. L'Apôtre demande une
obéiffance d'amour , rélative à Jefus-Chrift ; & le Général
demande une obéiffance d'efclave, relative à la gloire de la
Société ; l'Apôtre prefcrit une obéiffance raifonnable, &
le Général des Jéfuites prefcrit une obéiffance qui ne fait
aucun ufage de la raifon , une obéiffance aveugle , & fem-
blable à celle d'un cadavre privé de tout fentiment ; l'A-
pôtre foumet toute ame aux Puiffances fublimes , & le Général des Jéfuites difpenfe lesSujets du ferment de fidélité;
l'Apôtre récommande toutes fortes de vertus , & le Général des Jéfuites permet toute forte de crimes , par l'approbation qu'il donne aux Livres des Jéfuites, qui enfeignent
cette Doctrine abominable.

(b) Garnet , Jéfuite , complice dans la confpiration des
poudres en Angleterre, pendu à Londres , & honoré comme Martyr à Rome.

(c) Le Parlement de Rouen a fait brûler les Conftitutions des Jéfuites le 12 Février 1762 , comme impies.

J'ordonne la magie , avec l'idolâtrie (a) ;
Comme un chien près d'un loup fur mon ordre
    elle crie ,
Et fait fonner fi haut les accens de fa voix ,
Qu'il vous font fouvent tort dans les Palais des
    Rois.
Mais les fages Prélats , qui vous aiment en Fran-
    ce ,
Ont gardé fur ce point le plus profond filence ;
Ils font de mon Bercail les moutons les plus doux ;
La plûpart ont été plus dociles que vous.
Ils font vraiment du Corps qui compofe les Nô-
    tres ;
Et vous feront toujours paffer pour des Apôtres.
Thémis défend le meurtre , & c'eft votre devoir;
De tüer qui je veux ; tout eft en mon pouvoir.
Elle profcrit le vol avec la banqueroute ,
Et Lavalette (b) doit fous la célefte voûte
Vous fervir de modele en toutes les faifons ;
Il eft beau d'imiter fes utiles leçons:
C'eft par moi qu'il faifoit fes traités aux deux
    Poles ;
A Saint-Pierre (c) il n'a fait que fuivre mes pa-
    roles.

(a) Le Général Tamburini , fous Innocent XIII , paroif-
foit à Rome condamner les Idolâtries de la Chine & du
Malabar , pendant qu'il donnoit des ordres fecrets à fes
Miffionnaires pour réfifter aux Bulles du Souverain Pontife.
(b) Lavalette , Jéfuite , Préfet Apoftolique dans les If-
les du Vent à la Martinique , le plus grand Négociant qui
ait encore paru dans le monde ; c'eft lui qui a donné lieu
à ce fameux procés de Gouffre & de Lioncy , plaidé au
Parlement de Paris , & jugé d'une voix unanime en leur
faveur.
(c) Ville confidérable de la Martinique , maifon de réfidence & chef-lieu des Miffions des Jéfuites dans l'Amérique Meridionale.

En donnant gain de cause à Gouffre , à Lion-
    cy (a) ,

Thémis dans Lavalette a condamné Ricci (b).

Tant que le Tanaïs grossira la Mer noire ,

Ton Arrêt du 8 Mai (c) sera dans ma mémoire,

O détestable Cour, qui troubles tous mes sens !

C'est de-là qu'est venu le mal que je ressens :

Mais enfin j'ai de quoi mettre un frein à ta lan-
    gue ;

C'est ainsi qu'Apollon commence sa harangue.

    Muses , suis-je donc seul , comme un Roi dé-
    trôné ?

Mes plus chers Nourrissons m'ont-ils abandonné ?

Leur poëtique ardeur seroit-elle étouffée

Par l'attrait séduisant des pavots de Morphée ?

Quoi ! vous-mêmes , les Sœurs du puissant Dieu
    des Vers ,

Avez-vous pu laisser écouler huit hivers ,

Sans parer de l'éclat d'une illustre Couronne,

Ces beaux Chefs animés des fureurs de Bellone ,

Ces grand cœurs , nés pour être habiles Généraux,

Qui , sous des Pavillons , à l'ombre des Dra-
    peaux ,

Et par Terre & par Mer , pour l'honneur de la
    France ,

Font triompher les nœuds de leur intelligence;

Et suivent les sentiers de ces hardis Gaulois

Dont une Oie intrépide arrêta les Exploits ?

(a) Les Lioncy freres, & Gouffre, Négocians à Marseille,
avoient accepté pour quinze cens mille deux cens soixante
seize livres deux sols un denier de Lettres de change, tirées
par le Pere Lavalette.

(b) Ricci , Général de la Société des Jésuites.

(c) Dans cet Arrêt du 8 Mai 1761, la Cour, composée
de trente-deux Juges, condamna d'une voix unanime le
Supérieur Général , & en sa personne la Société des Jésuites, en cinquante mille livres de dommages & intérêts en-
vers les Parties de Gerbier , Avocat des sieurs Gouffre &
Lioncy.

                                   La

La Lippe , le Vefer , le Rhin , trente autres Fleu-
    ves ,
Témoins de leur valeur , en fourniront des preu-
    ves.
    C'eft trop long-temps croupir dans un honteux
    repos ;
Le Temple de la gloire eft fait pour ces Héros.
Que fur le champ Momus à les chanter s'em-
    preffe ;
Que les divers échos des rives du Permeffe ,
Secondant à l'envi fes plus heureux tranfports ,
Elevent jufqu'aux Cieux fes falottins accords.
Cette gloire a toujours , par une joie extrême ,
Des Guerriers & des Dieux fait le bonheur fu-
    prême.
Au jugement de Mars , vingt Héros du Bas-
    Rhin
Ont vingt fois mérité cet honneur fouverain.
    Il dit ; & de Momus demande la préfence,
Pour verfer dans fon cœur une heureufe in-
    fluence.
    Momus , répond Thalie , eft abfent de ta Cour,
O Dieu , qui des nœuf Sœurs fais la joie & l'a-
    mour ;
Du jour de fon départ c'eft la troifieme aurore,
Pour te dire où Momus peut être , je l'ignore.
Il eft forti diftrait , préoccupé , rêveur ,
La marotte à la main , la rage dans le cœur.
Par des motifs fecrets , inconnus fur la terre ,
Et pénétrés à peine au féjour du tonnerre ,
Malgré l'empreffement qu'un Pontife montra ,
Pour laiffer à Momus fon lubrique Opéra ,
Jupiter (a) a voulu joindre à mon jeu folâtre

(a) Au Fauxbourg faint Germain à Paris il y avoit, dans
l'enceinte de l'Abbaye de faint Germain des Prés, un Théâtre élevé pour l'Opéra comique , & un grand emplacement
pour une foire qui duroit deux mois, pendant lefquels l'O-
péra comique repréfentoit fes Piéces remplies de toute la

Le riant enjouement de fon libre théâtre;
Peut-être eft-il faché de la réunion :.
Son cœur pour moi fans ceffe eft plein d'aver-
    fion.
Le volage ne court qu'après la Propetide,
Et l'amour de Plutus eft fon unique guide.
Pour moi, qui ne me plais qu'aux innocents plai-
    firs,
A divertir ta Cour je borne mes défirs.
Je n'oferois quitter le féjour de ta gloire,
Et Momus jour & nuit vole de foire en foire.
Heureufement pour moi la flamme a confumé
Un aimable féjour par ce Dieu trop aimé.
De quelque main que vienne un fort fi lamen-
    table,
Ce qui deplait à l'un, eft pour un autre aimable.
    Tu dois être à préfent au comble de tes vœux;
Tes jours avec Momus feront les plus heureux,
Votre chaîne eft par-tout hautement avouée,
Dit, en riant, Phébus à la Mufe enjouée ;
Déformais tour à tour, en des jeux folemnels;
Vous irez délaffer les Dieux & les Mortels ;
Tantôt fous les rubis du Croiffant de Bifance (a),
Tantôt fous l'air galant des Crefus de la France,
Vous verrez arriver aux fons de votre luth,
Des flots de Spectateurs & du Nord & du Sud ;
Le Greffier, le Robin, le Savetier, le Prince,
La Ville & le Fauxbourg, la Cour & la Pro-
    vince.
Melpomene aura beau chauffer les Brodequins,
Portés par les Héros des Grecs & des Romains,

liberté de la Scène comique. Ce Spectacle a été réuni à la
Comédie Italienne ; peu de tems après cette alliance théâ-
trale le lieu de la Foire fut brûlé : l'incendie commença
la nuit du 16 au 17 Mars 1762 ; le Public ignore encore la
caufe de ce fâcheux accident.
    (a) Soliman II. Piéce en vers, reprefentée fur le Théâtre
des Comédiens Italiens.

Charmé des fons naïfs de fa tendre Mufette ;
Tout Paris pour Lubin aura les yeux d'An-
nette (a) :
Leurs jeux feront fi vifs & fi pleins d'agrément,
Qu'un Druide en fera fon doux amufement.
Quand fans fcrupule on va, du foir jufqu'à l'au-
rore,
Parer, en Adonis, la cour de Terpfichore (b) ;
Il me femble qu'on peut fur le declin du jour,
De Momus, de Thalie orner l'aimable cour.
Le Spectacle à chacun en tout temps eft licite;
N'eft-il pas tous les ans donné chez le Jéfuite ?
Je fuis vingt fois le jour pour cela confulté
Par le jeune troupeau chez Ignace enfanté.
A l'Hôtel de Clermont (c) eft-ce qu'on fe refufe
Aux doux enchantemens offerts par chaque Mufe?
Du grand Opéra même on y voit des Danfeurs;
Et Momus très-fouvent lui prête fes Farceurs.
N'ont-ils pas à Roüen (d), même en un Sanc-
tuaire,
Où d'un Dieu mis à mort ils offrent le Myftère,
Sur un galant Théâtre, ouvert à tous les yeux,
Elevé du Plaifir le trône glorieux ?

(a) Annette & Lubin, Piéce en vers, repréfentée aux Co-médiens Italiens avec un fuccès étonnant.

(b) Mufe qui prefide à la Danfe. Il y a eu des Prélats qui ont paru au bal que M. l'Ambaffadeur d'Efpagne a don-né à Paris le carnaval de l'an 1762.

(c) Au Collège de Louis-le-Grand, autrefois Hôtel de Clermont, les Jéfuites donnoient tous les ans une Tragé-die, où ils appelloient tous les Acteurs & Actrices de divers Spectacles de Paris. Ce Collège eft fermé depuis le pre-mier Avril 1762 par Arrêt du Parlement de Paris du 6 Août 1761.

(d) Le Parlement de Normandie a fait brûler à côté des Conftitutions Jéfuitiques, le 12 Février 1762, le Ballet Moral intitulé, le Plaifir fage & reglé, des 10 & 12 Août 1750, repréfenté la même année fur le Théâtre des foi-difans Jéfuites de Rouen.

B ij

Si quelque heureux fuccès honore votre Scène;
Ce n'eft le plus fouvent que le fruit de leur
    veine ;
Aux Théâtres divers ils donnent des Acteurs ;
C'eft leur fein qui produit vos célebres Auteurs;
Confervez avec eux une étroite alliance ;
Je rends par leur canal mes oracles en France.
Si jamais vous voyez vos grands Ruiffeaux tarir ;
Le Permeffe chez eux paffe pour les nourrir.
    D'un Livre dont fouvent j'ai fait des incen-
    dies ,
Pour offrir une croix nuifible aux Comédies ;
Ils ont eux-mêmes fait un Roman doucereux ;
Dont le ftyle a voilé le venin dangereux.
De Berruyer alors je conduifois la plume ,
Auroit-il pu fans moi compofer un volume;
Où Jacob & Rachel, d'un tendre amour épris ;
Parlent comme ont parlé Celadon & Cloris ?
L'auftere Piété , ma plus grande Ennemie,
Qui tache tout Roman de notes d'infamie,
S'échauffe tous les jours contre un nouvel Ecrit ;
Mais le corps des Prélats en adore l'efprit.
Un feul (a) s'eft avifé d'en faire la cenfure ;
Qui le rend un hibou près de la Prélature.
Elle chérit bien mieux cet illuftre Cerveau (b) ,
Commis pour cenfurer le Volume nouveau.

(a) Mr. l'Evêque de Soiffons a fait la cenfure du Pere
Berruyer, Jéfuite, fur le nouveau Teftament, dont il a
fait un Roman. On ne peut pas dire des Prélats de France
qu'ils aient tous adopté la Doctrine des Jéfuites ; en voilà
un qui a fait le bien. Il y en a encore fept à huit qui fe font
déclarés ouvertement contr'eux dans la derniere affemblée de 45 Evêques , où le Clergé de France a été confulté par le Roi, s'il falloit conferver les Jéfuites dans fon
Royaume. Il y en a bien d'autres qui fuivroient l'exemple
de Mgr. le Cardinal de Choifeuil, de Mr. de la Rochefoucault, Archevêque de Rouen, de Mr. de Soiffons, Membres de cette affemblée , & de plufieurs autres : mais la
crainte des Juifs ferme leur bouche à la confeffion de Jé-
fus Chrift.
  (b) Je ne nommerai point le Prélat défigné dans ces vers;

J'aime auſſi ſon cœur tendre, & ſon profond ſi-
    lence
Sur un livre adoré des Nonins (a) de la France.
Charmant & doux effet d'un livre condamné ;
Il ne paſſe jamais pour être ſuranné.

    Après tout j'aurai ſoin que la Troupe four-
    rée, (b)
Conſerve dans l'écrit ma Doctrine ſacrée ;
Qu'elle n'ait dans ſa main que des traits émouſ-
    ſés,
Afin que mes Héros n'en ſoient jamais bleſſés ;
Qu'elle ne touche en rien au Pélagianiſme,
Qu'elle laiſſe exiſter le Neſtorianiſme ;

je dirai ſeulement que le Clergé de France, qui a été ſi ré-
doutable aux hérétiques, auroit dû nommer quelque autre
Commiſſaire pour la cenſure du Pere Berruyer. Ce n'eſt point
avec Béelzebut qu'on chaſſe Béelzebut; ce n'eſt point avec un
turban que le Chevalier de Malthe va combattre contre le
Grand-Seigneur ; il faut des Davids contre les Goliaths,
des Boſſuets contre les Claudes, des Maurices contre les
Anglois, & des Chauvelins contre les Jéſuites.

(a) Il eſt étonnant que la lecture publique de la plûpart
des Couvents du Royaume ſoit faite dans l'ancien & le nouveau Teſtament du Pere Berruyer, qui a renouvellé dans
ſon Livre toutes les erreurs déjà condamnées dans l'E-
gliſe.

(b) La Sorbonne, autrefois ſi célebre, a eu le malheur
de tous les autres Corps qui ont été ſubjugués par la puiſſance Jéſuitique. Elle a juſtement merité le nom de *Car-*
caſſe ; parce que tout ce qui n'eſt point animé de l'eſprit de
vérité, doit être regardé comme un corps énervé & denué
de toute ſa vigueur, ſemblable à un vrai ſquelette, & doit
être reputé comme le néant. Il ſeroit à ſouhaiter qu'en
1762 la Faculté de Théologie parlât le langage de 1554.
Elle diſoit alors que la Société des Jéſuites étoit plus propre
à détruire qu'à édifier. Il eſt ſi bien vrai qu'elle a détruit,
que le Parlement de Paris leur a ôté l'enſeignement de la
Jeuneſſe : quand eſt-ce que les Evêques, élevés par la Sorbonne, leur ôteront le miniſtere de la parole, & la di-
rection des conſciences ? Si les Jéſuites ne ſont pas bons
pour les enfans, le ſeront ils pour les peres & meres ? Le
Parlement eſt convaincu que les ASSERTIONS des ſoi-diſans Jéſuites ſont dangereuſes & pernicieuſes en TOUT
genre.

                                B iij

Qu'Arius & Socin à la clarté rendus,
Jouiſſent des honneurs pour eux long-temps per-
dus ;
Qu'Hardouin & Pyrrhon tiennent toujours flot-
tantes,
Les grandes vérités qui paſſent pour conſtantes ;
Et que ſon grand courroux ſoit prompt à s'en-
flammer
Contre un phantôme vain qu'on défend de nom-
mer.
Il ſeroit inoui qu'en France on vît paroître
Un inſolent Valet faiſant plus que ſon Maître.
Lorſque ſur Berruyer le Clergé ne dit mot,
S'il parle contre lui le Docteur eſt un ſot.
Je veux que la Sorbonne, à mes ordres docile,
Laiſſe en paix murmurer & la Cour & la Ville.
Vînt-on pour la coeffer d'un bonnet de Midas,
Je la louerai toujours d'imiter les Prélats.
Quand du fougueux Arnauld l'on flétrit la mé-
moire (a),
Du galant Berruyer on doit aimer la gloire.

(a) Arnauld, Docteur, du nombre de ceux dont Jeſus-
Chriſt a dit : *Je vous enverrai des Sages* ; il fut exclus de
la Sorbonne d'abord, parce qu'Antoine Arnauld, ſon pere,
avoit conclu à l'expulſion entiere des Jéſuites hors du
Royaume ; enſuite pour avoir avancé une propoſition
tirée de S. Chryſoſtôme. A preſent que nous voyons par
l'expérience que ce célébre Avocat avoit raiſon, & que les
Jéſuites ſont exclus de tous les Colléges où ils enſei-
gnoient, en attendant autre choſe, la Sorbonne conti-
nuera-t-elle à faire faire quatre-vingt-deux ſermens à ſes
Docteurs, entre leſquels il y a celui de regarder le grand
Arnauld comme héretique ? Il faut qu'il y ait un grand dé-
lire dans la tête de cette Carcaſſe. Eſt-ce qu'elle n'ouvrira
pas les yeux à la vérité, en liſant l'extrait de la Doctine
abominable des ſoi-liſans Jéſuites ? Entendra-t-elle ſans
frémir, que dans l'Incarnation du Verbe il y a du naturel
& du ſurnaturel ? Carcaſſe, prends & lis les Aſſertions de
l'Edition *in-4°*. de Simon 1762, *pag.* 293. *Col.* 1ere. C'eſt
Sanchez qui y propoſe le Probabiliſme impie de Suarez,
avec l'approbation de la Société.

Le premier fut toujours du théâtre ennemi ;
Par le bras du second je le vois raffermi.

Muse, de ton esprit bannis l'inquiétude,
Et de plaire à Momus fais ton unique étude.
Tout réussit : Mercure a porté dans ces lieux
Le souverain Decret, publié dans les Cieux.
Sous le regne flatteur d'une paix fraternelle,
Votre union sera dans le Monde éternelle.

Je permets seulement aux Nymphes de Momus
D'aller tous les deux jours à la cour de Comus,
Chez Plutus jour & nuit, chez Mars, quand la
     victoire
Le ramene en hiver au Temple de la gloire.
N'ayant pas du théâtre une paire de Gants,
Elles doivent ailleurs exercer leurs talens.
Ainsi l'ont décidé ces Druides aimables,
Dont on doit suivre en tout les maximes proba-
     bles (a) ;
Sans craindre d'être un jour repris au Châtelet,
Chacun peut de son bien faire ce qui lui plaît (b).
Mais pour Momus, qui fuit en secret ma pré-
     sence,
Je saurai le punir de son extravagance :
Fût-il même au travail à l'ombre de ces bois,
Il sera du Parnasse exilé pour six mois.

  · (a) Le Probabilisme est une Doctrine favorable à tous les crimes ; les Jésuites l'ont soutenue, contre l'avis de leur Général Gonzalez, sous Innocent XII ; ce qui nous fait voir que le Corps de la Société est essentiellement mauvais, sans pourtant lui ravir la gloire d'avoir eu des Membres qui ont enseigné la saine Doctrine.

  · (b) Il ne faut point être surpris qu'Apollon prenant la défense de la Société, parle ici le langage de Fagel. Ce Jésuite a avancé en 1750 qu'une fille est la maîtresse de toutes ses actions, sans que ses parens puissent absolument l'en empêcher. La colère paternelle souffrira-t-elle plus long-temps ces pestes de la pudeur virginale ; ces ennemis du ferment conjugal, qui ont l'impudence de soutenir que Susanne a fait, en criant, AU-DELA de ce qu'elle étoit obligée de faire absolument ? *Assertions in-4°. de Simon*, 1762. Pag. 294 & 289.

Exilé ! dit foudain d'un ton ferme, énergique,
La Mufe qui préfide au Cothurne tragique ;
Momus eft innocent , il n'a point mérité
L'injufte châtiment que ta bouche a dicté.

Un Dieu n'a dans fa main la puiffance fuprême ,
Que pour gagner les cœurs par un amour extrême.
L'abus qu'il en peut faire , eft de tous les malheurs ,
Celui qui fait toujours verfer les plus grands
pleurs.

Monarque fouverain , qu'adore le Parnaffe ;
C'eft moi feule qui fuis digne de ta difgrace.
Le trop aimable Dieu du peuple Calottin
Travaille par mon ordre à des Brevets fans fin :
Le nombre ira , dit-on , à plus d'une centaine.

Par Jupiter, quel eft, dit le Roi d'Hypocrene,
Le champ propre à donner, en un fi mauvais
temps ,
Tant de Héros fameux , tant d'exploits éclatans !
Le plus fécond de tous eft celui de Bellone.
Il eft vrai qu'on pourroit dans ladite Sorbone,
Et dans le haut Clergé , trouver quelques Héros
Dont le front feroit fait à porter des grelots.

Aux Prélats affemblés pour la caufe Inigifte,
Par la France Thémis fait donner une lifte:
Des Problêmes divers en compofent l'extrait ;
Il fut pris d'un rapport que l'on trouve au Par-
quet ,
Sur un Livre divin , intact à chaque page,
De vos chers Nourriffons le plus parfait ou-
vrage (a).
Elle prétend qu'un Corps qui ne l'écoute point ,
Lui faffe exactement réponfe à chaque point ,

_____

(a) Conftitutions des Jéfuites , qui ne font autre chofe
que le renverfement de toutes les loix.

33

Et lui donne raifon de toute la conduite
Que fa grande amitié garde pour le Jéfuite.
Dès qu'une fois il a la Croffe dans fa main,
Tout Prélat de la Chaire ignore le chemin;
Se charge d'un Troupeau pour en avoir la laine,
Et le laiffe fans chien paître feul dans la Plaine.
Qu'importe que le Loup vienne pour l'égorger ?
J'en faifois tout autant lorfque j'étois Berger.
  Une étroite amitié ferme dans fa parole,
Auroit pour un Gracchus (a) brûlé le Capitole.
Pour plaire aux Fils d'Ignace, il faut perdre l'E-
    tat,
L'entreprife eft loüable, & digne d'un Prélat.
Sidrac dans le Lutrin à ce coup l'autorife,
Il doit tout abymer; c'eft l'efprit de l'Eglife.
  Pierre, Barnabé, Paul (b) auroient pu bête-
    ment,
S'ils vivoient aujourd'hui, paroître au Parlement,
Et crier fur les toits aux Juges de la terre :
Livrez aux Affaffins une éternelle guerre ;
Pour les punir le Glaive eft dans la main des
    Rois (c).
  Par terre on peut tomber, quand on eft fur
    les toits.

(a) Tiberius Gracchus, voulant opprimer la République Romaine, avoit Blofius de Cumes au nombre de fes amis. Ciceron, chargé de l'information des complices, demanda à ce furieux pourquoi il n'avoit point fuivi l'exemple de Tuberon & de plufieurs autres qui s'étoient détachés d'une fi dangereufe amitié ; & il eut cette réponfe extravagante: » Je fuis fi étroitement lié à Gracchus, que j'ai cru devoir » faire tout ce qu'il a fouhaité de moi. Mais s'il avoit » exigé de vous, lui dis-je, de mettre le feu au Capitole, » lui auriez-vous obéi ? S'il l'eût exigé, repliqua Blofius, » j'aurois allumé le feu.
  (b) Trois Apôtres de Jefus-Chrift, dont le dernier a demandé à être jugé au Tribunal de Céfar.
  (c) Dieu n'a point mis le glaive dans la main des Jéfuites pour tuer les Rois ; mais il a mis le glaive dans la main des Rois pour punir les méchans : les Jéfuites le-font ils ?
                                        B v

Il vaut mieux s'appuyer fur une riche Croffe,
Se faire promener dans un brillant carroffe,
Laiffer verfer le fang à qui veut le verfer,
Et voir les Rois périr, fans s'en embarraffer.
Pareil événement ne doit jamais abattre.
Pourquoi faire autrement que du temps d'Henri
    Quatre ?
Le Clergé, de ce Prince a-t-il pleuré le fort ?
N'a-t-il pas employé les Auteurs de fa mort ?
Je ne puis qu'applaudir à ce genre de vie.
   Les Docteurs ont encore un fort digne d'envie.
Ils ont laiffé ronger par la poudre & les vers
Des Livres dangereux, déteftables, pervers ;
Une Bible, un Léon, un Ambroife, un Jerô-
   me,
Un ftupide Auguftin, un fade Chryfoftôme.
Sous un riant vifage ils confument les jours
A lire des Romans dictés par les Amours,
A feuilleter Nafon fur la Pomme fatale,
A tirer de Sanchez le fond de leur Morale (a) ;
A fuivre enfin en tout d'un pas précipité
Les exemples divins de la Société.
C'eft par-là qu'on occupe une place honorable,
Qu'on a belle maifon, lit galant, bonne table,
Et qu'on parvient un jour au plus parfait repos :
Seul digne de combler le bonheur des Héros.
   Ce font ceux-là, reprit la Fille de Mémoire,
Que Momus ornera des rayons de fa gloire.
Je n'ai depuis long-temps que des Déclamateurs
Qui glacent le Parterre, & laffent les Acteurs,

(a) Sanchez, Jéfuite, auteur d'un Livre fur le Ma-
riage, condamné comme abominable par le Parlement de
Paris, qui dans les Affertions extraites de la Doctrine
des Jéfuites, a eu la réferve de mettre en Latin ce qui
auroit bleffé la pudeur ; mais la liberté Françoife a tout
dévoilé avec indignation dans les lieux publics, fi bien
qu'on ne peut plus voir un Jéfuite, fans concevoir dans
fon efprit un affemblage monftrueux de toute forte d'obf-
cénités.

En plaçant leur Sujet en une obfcure Scène.
La Mitre Gallicane (a) aux rives de la Seine ;
Malgré Thémis, (c'eft là le plus grand des bien-
    faits)
Veut bien me conferver les Docteurs des for-
    faits (b).

Je dis, malgré Thémis, c'eft une Radoteufe,
Dont l'œil, jaloux d'Ignace , a trouvé dangereufe
L'Ecole des Enfans de ce fameux Guerrier,
Que Pampelune a vu tout couvert de Laurier ;

(a) De quarante-cinq Evêques dont l'Affemblée a été
compofée à Paris le grand nombre a penché pour conferver
les Jéfuites en France. Il y en a un d'entr'eux qui a dit :
Les Jéfuites font non-feulement utiles à l'Eglife & à l'E-
tat , mais ils font néceffaires ; & M. l'Archevêque de T.
a ajouté : S'il n'y avoit point de Jéfuites en France , il
en faudroit créer. Quoi ! dans une Affemblée convoquée
par le Roi Très-Chrétien, un Prélat aura pu tenir le langage de la Synagogue, *non pas celui-ci*, *mais Barab-
bas !* Un Succeffeur des Apôtres aura été d'avis de créer
des Docteurs qui enfeignent le Probabilifme , le péché
Pholofophique, l'ignorance invincible, la confcience er-
ronée, la fimonie & la confidence , le blafphême, le
facrilege , la magie ou maléfice, l'aftrologie , l'irréli-
gion , l'idolâtrie , l'impudicité, le parjure , la fauffeté ,
le faux-témoignage , la prévarication des Juges , le vol,
la compenfation occulte, le recelé , l'homicide, le parricide, le fuicide , la leze-Majefté , ou régicide ! Il eft vrai
que tous les Prélats de cette Affemblée n'ont pas été du
même avis , mais le grand nombre a été favorable à la
Société.

(b) Melpomene a raifon de dire que le Clergé de France lui a rendu le plus grand de tous les fervices , en lui
confervant les Docteurs qui enfeignent à fournir des Sujets de Tragédie ; parce que felon M. de la Chalotais ,
page 198 , dogmatifer le crime , c'eft plus que le commet-
tre. Un Affaffin n'arme que fon bras: celui qui dogma-
tife , arme les bras de toutes les Nations. Il y a cent cinquante ans que les Jéfuites font accufés d'enfeigner , non
feulement toute efpéce d'homicide , mais toute efpéce de
crime : il y a cent cinquante ans qu'ils tiennent la même
conduite. Il eft refervé à notre fiécle de voir ces coupables jugés ; & par qui ? Par le Parlement : au lieu d'être
jugés par l'Epifcopat , qui devroit leur dire : » Jéfuites ,

Elle veut aux François redonner d'autres Maîtres
Changer pour leur profit leurs cours de Belles-
    Lettres,
Confier la Jeuneffe à l'Univerfité,
Et la fouftraire enfin à la Société,
Si favante dans l'Art de dreffer un Théâtre;
Pour feconder l'ardeur de fon efprit folâtre,
Pour choifir dans le nombre à propos des Châtels;
Qu'elle rendra hardis aux coups les plus mortels.
Comme fi des Docteurs, nés Docteurs du Tartare,
Ne devoient point tremper leurs plumes au Te-
    nare.
Thémis s'efforce envain de les exterminer.
De Serpens aujourd'hui je viens les couronner;
Peut-on rien enfeigner qui foit plus falutaire,
Que de faire périr ce qui nous eft contraire?
Tout autre Dogme eft faux. C'eft la Société
Qui montre le chemin de l'Immortalité.
Tout naît Héros chez elle, & digne de mémoire:
Ailleurs tout naît fans nom, & meurt auffi fans
    gloire.
Eft-il rien de fi grand que Taberna (a), Keller (b);
Santarel (c), Bellarmin (d), Sa (e), Facundez (f),
    Grethzer (g),

vous n'êtes point de la Compagnie de Jefus; Jefus avoit
la vie en lui dès le commencement, & il s'eft livré lui-
même à la mort pour nous, afin de nous racheter de toute
forte d'iniquité; vous êtes de la Compagnie du Diable;
le Diable étoit homicide dès le commencement, & il livre à la mort tous ceux qui s'oppofent à fon exécrable
doctrine, pour pratiquer les vertus de celui qui nous a
appellés des ténébres à fon admirable lumiere. «

  (a) Le Juge qui reçoit de l'argent pour rendre une
Sentence, s'il la rend jufte, il eft tenu de le reftituer,
quand il a déja touché un jufte honoraire; parce que le
droit naturel dicte qu'il ne peut point vendre à un autre ce qui lui eft déja dû par les régles de la Juftice. Si
au contraire il en reçoit pour rendre une Sentence injufte, il peut le garder; parce que CINQUANTE-HUIT
Docteurs tiennent & défendent cette opinion. *Affertions in-4°.* page 345.

Et tant d'autres Auteurs, tant de fublimes Têtes,
Capables de braver les plus grandes tempêtes ;

(*b*) Les Théologiens Jéfuites , qui ont pefé toutes chofes avec maturité, étant confultés s'il eft permis à un
Particulier de tuer un tyran, répondent que fa pofition
eft précifément celle de tous les criminels , & qu'il peut
être tué par le premier venu ; parce que c'eft une action
louable pour un Catholique , de tuer celui qui veut détruire le Chriftianifme .... *Affert. in-4°. page 476*. Les
Jéfuites appellent *tyran* toute perfonne qui s'oppofe à
leurs fentimens , qu'ils donnent pour la Foi Catholique ,
parce qu'ils portent le nom de Jéfuites ; comme fi le nom
feul de Jefus, fans avoir l'efprit de Jefus-Chrift , faifoit
le vrai Chrétien. Il eft démontré par les Affertions qu'ils
deshonorent le nom qu'ils portent. C'eft un nom faint &
terrible qui demande la fainteté dans le cœur, dans la bouche & dans les œuvres. Le Parlement de Paris a fagement
fait dépouiller cette race arrogante & fuperbe de ce voile
refpectable qui couvre depuis plus de deux fiecles la noir-
ceur de fes iniquités , parce qu'il n'eft permis à perfonne
d'appeller Jefus fon Seigneur , que par un mouvement
du Saint-Efprit : à plus forte raifon doit-il être défendu
d'en porter le nom, lorfqu'on ne reffemble en rien à ce
Pontife éternel, qui eft faint , innocent , fans tache , fé-
paré des pécheurs, & élevé au-deffus de Cieux ; & que
l'on eft convaincu de porter tous les exécrables caracte-
res énoncés dans les Affertions, qui font plus que fuffi-
fans pour infliger des notes d'infamie fur les foi-difans
Jéfuites.

(*c*) Le Livre du Jéfuite Santarel a été brûlé par le
Parlement de Paris , comme un recueil de tout ce que
les Enfans d'Ignace ont dit de plus exécrable fur la dépofition & les meurtres des Rois. Il dit que le Souverain Pontife a le pouvoir de punir de mort les Rois de
la terre , & que ce pouvoir a été donné à Saint Pierre
par Jefus-Chrift.

(*d*) Bellarmin étant membre de l'Inquifition a fait condamner à Rome l'Arrêt du Parlement de Paris contre
Châtel. Ce Jéfuite a enfeigné que la Puiffance fpirituelle
pouvoit & devoit réprimer la Puiffance temporelle par
toutes fortes de moyens qu'elle jugeroit à propos, changer les Royaumes , les ôter à l'un pour les donner à un
autre , felon fon bon plaifir.

(*e*) Selon le Jéfuite Sa , la révolte d'un Clerc contre le
Roi n'eft pas un crime de lèze-Majefté , parce que le

Telles à mon avis qu'E .... & T ...?
Thémis, ô juste Ciel! Thémis, le croira-t-on?
Veut chasser de sa Cour ces deux Hommes cé-
    lebres.
Qu'ont-ils fait pour avoir mérité les ténebres?
Ils font de son Palais la gloire & l'ornement,
Ils feront conservés Membres du Parlement.
Les Prélats ont besoin de leur rapport fidelle,
Pour sçavoir les secrets de cette Cour rebelle.
Ils viennent de me rendre un service trop grand,
Pour ne pas soutenir tout ce qui les défend.
Aussi mon cœur ouvert à la reconnoissance,
Rendra l'honneur qu'il doit au haut Clergé de
    France,
Pour avoir au milieu d'un Congrès solemnel
Fait voir pour Loyola son amour paternel;
Pour avoir abjuré la Doctrine empestée
D'un Juif qui sous Néron eut la tête empor-
    tée (i).

Clerc n'est pas sujet du Roi. Tout homme du peuple peut tuer un tyran, quand la Sentence est prononcée contre lui.

(f) La Doctrine de Facundez est, que des fils Chrétiens & Catholiques peuvent accuser leurs peres du crime d'hérésie, quoiqu'ils sachent que leurs peres feront brûlés & mis à mort. Si ces peres veulent détourner leurs fils de la Foi Catholique, ces fils peuvent non-seulement leur refuser la nourriture, mais même les tuer J U S T E-M E N T. *Assert. in-4°. pag.* 404.

(g) Grethzer, Jésuite, prétend que le Pape peut déposer les Rois, & dispenser les Sujets du serment de fidélité; que le cinquieme Commandement est environné de difficultés si épineuses, que personne ne peut l'observer; que si David n'avoit pas eu des jambes pour s'enfuir, il auroit pu tuer Saül qui vouloit le percer de sa lance. *Assert. in-4°. page* 526.

(h) Saint Paul.

(i) Les Sages du siecle sont devenus fous; ils ont changé la vérité en mensonge: n'ayant pas voulu connoître Dieu, Dieu les a livrés à un sens reprouvé, en sorte qu'ils sont remplis de toute sorte d'iniquité, de meur-

Dans fon Epître à Rome il dit qu'un Affaffin *(l)*
Doit aux traits de la Mort ouvrir fon cruel fein;
Et qu'il faut condamner par la même Sentence
Quiconque du poignard auroit pris la défenfe.
Jufqu'au neuvieme Ciel Paul auroit dû monter;
Au troifieme un Mortel n'apprend qu'à rado-
    ter.
   Ignace, qui des Dieux a partagé la gloire,
N'enflamme point fes Fils d'une bile fi noire.
Il leur laiffe pour moi l'ufage du poignard,
Et pour moi les Prélats leur fervent de rempart.
   Que de charmans plaifirs me raviffent en
    France!
Tu m'as vue une fois au plus profond filence,
Réduite ainfi que toi par un vil Babylas *(c)*,
Mais l'Eglife enfeignante a d'aimables Prélats*(d)*;
Volontiers avec nous ils viendroient fur la fcène.
Les exemples frappans de la pourpre Romaine,
Pourront détruire en eux d'antiques préjugés.
J'en ai trouvé plufieurs autour de nous rangés;

tre, &c.... Après avoir connu la juftice de Dieu, ils
n'ont pas compris que ceux qui font de telles chofes, mé-
ritent LA MORT; & non-feulement ceux qui les font,
mais auffi ceux qui APPROUVENT les perfonnes qui les
font. *Saint Paul, Rom. ch. 1. ⱴ. 22 & 2?.*
  (l) Gallus, Empereur d'Orient, ayant fait conftruire
une Eglife à Antioche, dans le Fauxbourg de Daphnès,
vis-à-vis le Temple d'Apollon, pour détourner les Fideles de la fuperftition Payenne, y fit placer les Reliques
de Saint Babylas, Evêque d'Antioche. La préfence d'un
corps qui avoit été le temple du Saint-Efprit, ferma entierement la bouche à l'Oracle d'Apollon.
  (m) M. Languet, Archevêque de Sens, avoit imaginé
de dire qu'il y avoit une Eglife enfeignante, & une Eglife
écoutante; que le Corps des Prélats étoit l'Eglife enfeignante, & que l'Eglife écoutante compofoit le refte des
Fideles. C'auroit été une chofe curieufe de voir ce Prélat
membre de la derniere Affemblée du Clergé de France
fur les Jéfuites. Auroit-il enfeigné comme eux à affaffiner
les Rois? Se feroit-il rendu fauteur de toute leur Doctrine abominable?

Leur bonté de ma part mérite un juste éloge,
Outre que j'aurai soin de griller une loge
Qui sera destinée à remplir les momens
Qu'ils voudront consacrer à leurs délassemens,
J'éleve au Régicide un superbe portique,
Où, sous l'éclat pompeux d'un bonnet Jésui-
tique,
Au prince des Démons (a) les Prélats de leurs
mains
Offriront tour à tour le sang des Souverains;
Quand ils s'opposeront au Statut Inigiste:
C'est la suprême Loi du Machiavéliste.
Il va droit à son but avec un pas égal,
Par le charme du bien, ou par l'horreur du mal,
Au Code fabuleux, que le Chrétien revere,
La Sorbonne à propos fermera la paupiere;
Et dans Busembaum commenté par Lacroix,
Ses Docteurs apprendront à poignarder les Rois,
Je me ferai par-là chausser dans chaque lustre
D'un Cothurne sanglant sur une Scène illustre.
Sans transporter l'esprit en un lointain pays,
L'œil verra l'action se passer sur les Lys.

(a) L'effusion du sang humain, soit qu'elle devienne l'effet d'une vengeance particuliere, ou d'un enseignement
pervers, ou d'une autorisation aveugle, ne peut jamais
être attribuée qu'à la malice des Démons, qui en ont reçu
le sacrifice durant les ténébres du Paganisme. De-là vient
que l'Apôtre a dit : *Les Payens offrent leurs sacrifices aux
Démons, & non à Dieu.* Et comme tout sacrifice demande
des Pontifes pour l'offrir, qui est-ce qui mérite mieux cet
honneur, que ceux qui font tous leurs efforts pour conserver les Jésuites qui enseignent l'effusion du sang en tout
genre, & sur-tout celui des Têtes couronnées, quand elles
s'opposent à la perversité de leur Doctrine ? Les Rois font
alors des Tyrans, & de semblables Tyrans font tuables par
le premier venu. Tant que les Prélats ne donneront point
des Mandemens, où ils proscriront la Doctrine & les Docteurs du Régicide, n'aura-t-on pas raison de les regarder
comme fauteurs de la Doctrine Jésuitique, & de les appel-
les Pontifes du régicide, au lieu de les appeller Pontifes
éternels selon l'ordre de Melchisedech ?

Vous 'etes les enfans du Diable; et vous voulez accomplir les
désirs de vôtre père. il étoit homicide dès le commencement.
S.t Jean. ch. viii. v. 44.

L'on ne me fuira point pour aller chez Thalie ;
Et je ne ferai plus rire à la Tragédie.
Pour exprimer l'amour j'aurai trente Girards (*a*) ;
Et pour verfer le fang un millier de Guignards.
   Hors ce temple , où la Croffe avec le Diable
    lie
Thémis & les Lecteurs des loix qu'elle publie ,
Où fur des vérités que Loyola chérit ,
D'un peuple de martyrs l'on échauffe l'efprit ,
Et pour peu qu'il paroiffe à raifonner habile ,
Par un feul corollaire à déduire facile ,
Sans être en rien fouillé d'un feul péché véniel ;
Un Moine eft un Héros , fe rend digne du Ciel ,
En confcience peut tüer fon Abbé même ,
Et le Sujet fon Roi , s'il eft fous l'anathême (*b*).
   Hors ce Temple , qui fert d'afyle favori
A tout Ultramontain que Thémis a flétri (*c*) ,
Je ferai déferter ces Chaires infipides ,
Où l'on ne fait traiter que des fujets arides ;
Où les Prélats du temps ne font jamais montés ;
Laiffant ce foin aux Cœurs par le lucre empor-
    tés ;

   (*a*) Le P. Girard, Jéfuite, s'eft rendu célebre à Toulon par fa conduite fcandaleufe avec la Cadiere. Le puiffant crédit que la Société avoit alors en France, lui fit trouver fa grace au Parlement de Provence. Il ne feroit pas fi heureux à préfent que la Cour a jetté les yeux fur leurs coupables ex-cès. Ce Jéfuite eft mort à Dole en France-Comté, en odeur de fainteté, au jugement du Pere Montigny ; & fui-vant le Pere Colonia, avec fon innocence baptifmale.
   (*b*) Tout Roi excommunié ceffe d'être Roi, felon les Jéfuites, & dès-lors il eft tuable par fes Sujets. Qui ne frémira pas d'entendre une fi monftrueufe doctrine !
   (*c*) La France appelle Ultramontains, les Peuples qui font au-delà des Alpes. Mais à proprement parler, l'on appelle Ultramontains ceux qui ne fuivent point la Doctri-ne des quatre Articles du Clergé de France de l'année 1682 : monument célebre, élevé contre les prétentions de la Cour de Rome ; l'on en donne la gloire au grand Bof-fuet, & à M. de Choifeuil, Evêque de Tournai.

Beaucoup mieux conseillés ; plus prudens & plus
    sages
Que leurs Prédéceffeurs des quatre premiers âges,
Ils n'y montoient jamais que leurs difcours per-
    vers
Ne rendiffent foudain mes fpectacles déferts.
Ces temps durs ne font plus; le Ciel plus équitable
Fait luire fur la Scène un jour plus favorable.
Je redoutois encor certain petit Collet,
Qui fans ménagement des Spectacles parloit,
Et préchoit du vieux temps les maximes aufteres ;
Ils l'ont fagement fait defcendre de leurs Chai-
    res.
Je me fatiguerois à te tracer le cours
Des bienfaits fignalés qu'ils me font tous les
    jours.
Mon cœur eft à prefent au comble de fa joie ;
Je bénirai le Ciel du bonheur qu'il m'envoie.
    Un jour j'enfoncerai le poignard dans le fein;
Medée un autre jour me prêtera fa main.
Là je revolterai les fils contre leurs Peres ;
Ici dans le Berceau je mettrai des Viperes.
Quelquefois, fans ufer de poifon, ni de fer,
Mon bras aura recours aux rufes de l'Enfer ;
Et dans un Antre obfcur joignant mes noires tra-
    mes,
Je ferai confumer des Palais par les flammes ;
Ou des Peuples fans nombre iront avec Thémis
Expier dans les flots les maux qu'ils ont com-
    mis,
Soit contre les Prélats, lezés dans leur puiffance,
Soit contre Loyola qui prenoit leur défenfe.
    Si la Cour de Thémis, redoublant fes efforts,
Evitoit le naufrage & regagnoit les bords,
Aux Mitres j'unirois le (a) Pannache que porte
Du noble Sang Gaulois la vaillante cohorte.

(a) Il y a eu le mois de Mars dernier plufieurs affemblées de Mrs les Ducs & Pairs, qui avoient pour prétexte

De ce nouveau Rempart le Jéfuite entouré,
Au Régicide iroit d'un pas plus affuré.
Ces deux Corps depouillés de leur foibleffe anti-
    que,
Portent depuis long-temps une ame Jéfuitique.
Que pouvois-je trouver qui fût mieux concerté
Pour balancer le poids de cette autorité,
Qui fur le faux rapport d'un jeune Téméraire,
Prétend tout ordonner, tout regler, & tout faire?
Du Jéfuite à jamais je défendrai les droits;
Rien au monde ne peut réfifter à ma voix.

    Homicide cruel, Fratricide perfide,
Parricide exécrable, horrible Régicide,
Monftres que le Tartare arrête dans les Fers,
Venez au jour, brifez les chaînes des Enfers.
Thémis veut égorger des Héros magnanimes;
Son glaive eft fufpendu fur le cou des Victimes.
Les Jéfuites font morts fans votre prompt fe-
    cours;
Ce jour fera fans vous le dernier de leurs jours.

    Elle dit : & l'Enfer laiffe ouvrir fes entrailles :
Les Démons font bientôt hors des fombres mu-
    railles;
Ils arrivent en foule au haut de l'Hélicon,
Et voltigent autour du Palais d'Apollon.
Au bruit affreux que fait l'infernale Cohorte,
Melpomene à l'inftant va leur ouvrir la porte.

la redaction des droits & archives de la Pairie, & pour
véritable but. leur demembrement de laCour du Parlement,
à laquelle cet illuftre Corps eft effentiellement inhérant.
Mrs les Princes du Sang n'ont point approuvé un projet
enfanté par des efprits remuants, & qui femblent ne s'oc-
cuper que de la diffolution de l'Etat. Depuis que le Roi a
donné fes ordres pour faire fortir les Arméniens du Collége de Louis-le-Grand, fermé le 1er Avril 1762, en exécution de l'Arrêt du 6 Août 1761, l'on n'a plus entendu
parler de ces fortes d'affemblées, ni d'autres encore qui
ont réduit des Evêques à la neceffité de la réfidence.

Ils entrent brufquement , & tous étant rangés ;
Les Jéfuites par vous doivent être vengés ,
Dit Phébus : c'eft Thémis leur mortelle ennemie ;
Qui vient de les couvrir d'opprobre & d'infamie,
Pour avoir écouté vos Oracles divers ,
Elle les a rendus errans dans l'Univers.
Vu l'immenfe profit qu'en tire Mélpoméne ;
Er le brillant éclat de la comique Scène ,
Contre les attentats de la Cour de Thémis
Prefervez de la mort vos fideles Amis ;
Ft pour éternifer la gloire du Parnaffe ,
Célébrez à grands chœurs le nom des Fils d'I-
gnace ,
Et celui des Héros couronnés par Momus.
Tel fut le jufte Arrêt de la Cour de Phébus ,
Rendu trois mois après que fans raifon en France
DUTRUCHE DE LA CHAUX fut mis à la Po-
tence (a).
Pégafe fur le champ s'envola dans les Cieux
Pour en donner l'extrait au Souverain des Dieux.
Après ce dernier trait , applaudi fans mefure ,
Sur un Chrift renverfé tour à tour chacun jure
D'obferver les Statuts de la Société ,
Et de fronder l'Arrêt que Thémis a dicté.
Enfuite à l'Aquilon, pris pour un fils d'Ignace,
En France , dit Ricci , revole avec audace ;
Detourne vers Paris : va d'abord chez B....
Offre lui de ma part l'Arrêt du double Mont.
Le Prélat, de nos Loix obfervateur fidele ,
Ne ralentit en rien la vigueur de fon zele.

(a) Du Truche de la Chaux étoit Garde du Roi ; il fut
pendu à Paris en Place de Greve comme Fabricateur d'im-
poftures contre la fûreté du Roi & la fidelité de la Nation.
Le 5 Janvier 1762 , le Roi foupant à fon grand couvert , ce
méchant Garde voulut faire croire qu'il avoit été affaffiné
par des gens qui en vouloient à la Perfonne facrée de Sa Majefté. Ces prétendus Affaffins étoient, felon fa dépofition ,
deux Particuliers , dont l'un étoit en habit eccléfiaftique ,
& l'autre en habit verd.

Il a frappé pour nous d'indociles Brebis ;
Qui s'imaginoient voir des Loups fous nos habits,
Inébranlable appui d'une Morale pure (a) ,
Dont il a même en Chaire ordonné la lecture ,

(a) Mr. de B... est appelé ici, inébranlable appui d'une
Morale pure. Ce Prélat dit lui-même dans son Instruction
pastorale de Conflans du 19 Sept. 1756, page 10, que
les Magistrats des Tribunaux séculiers ont par leurs Arrêts
sappé la saine Doctrine jusques dans ses principes. Cette
saine Doctrine n'est pas, au jugement de cet Archevêque,
celle dont parle St Paul quand il instruit Timothée :
» Proposez-vous pour modele les faines Instructions que
» vous avez entendues de ma bouche, touchant la Foi & la
» charité en Jesus-Christ. Ep. 1. 13 « ; mais c'est la Doctrine contenue dans la Bulle *Unigenitus* , qu'il qualifie de
Jugement dogmatique & irréformable de l'Eglise univer-
selle, & à laquelle le Roi, instruit par un Bref de Benoît
XIV., ne donne ni la dénomination, ni le caractere,
ni les effets de regle de foi. Cette Constitution a eu pour
promoteurs les ennemis de la grace & de la morale de J. C.,
selon M. de Noäilles, en son Instruction pastorale de 1719;
ces ennemis sont les Jésuites, qui enseignent (*Extraits
des Assertions in-4°. Pag.* 204.) qu'on peut être suffisam-
ment justifié sans Jesus-Christ, & qui se constituent seuls
& font l'Eglise qui n'existe que par Jesus-Christ, sans
avoir eux-mêmes l'esprit de ce divin Rédempteur ; puisque
M. du Bellay, dans son avis au Parlement en 1554, les
traite d'arrogants lorsqu'ils prennent le nom de Société
de Jesus , & que la Faculté de Théologie de la même année
1554 a véritablement prédit qu'ils étoient nés pour détruire
l'Eglise , & non pour l'édifier. Ces destructeurs de l'Eglise,
l'ont détruite , en enseignant & en pratiquant une Morale
corrompue en tout genre ; & sur-tout en enseignant & en
pratiquant la Doctrine exécrable sur le régicide , comme
il est prouvé en Portugal & en France. En Portugal l'E-
vêque de Leiria parle ainsi de ces hommes pervers dans
son Instruction pastorale du 28 Février 1758, page 3 : »No-
» tre ame est déchirée de la plus vive douleur, lorsque
» nous nous voyons obligés de vous dire que des hommes ,
» (*les Jésuites* à qui les Peuples & autrefois nos Princes
» abandonnoient le soin de leurs consciences, les dispen-
» sateurs de la parole de Dieu, des hommes qui devoient
» être des exemples de douceur, de vertu & d'obéissance,
» les instituteurs de la jeune Noblesse, les Docteurs, pour
» ainsi dire, de la Nation , ont été les chefs & les premiers

Il n'a point fait encore en arriere un feul pas ;
Il exhorte toujours mes Troupes aux combats.
Du Siege de Pothin (a) il brave l'anathême :
C'eft moi feul qu'il connoît pour fon Juge fu-
prême.

» moteurs de l'infâme complot du 3 Sept. d^r, & qu'ils fe
» font efforcés de l'autorifer par des maximes deteftables &
» par des dogmes fcandaleux, par des principes dont le
» relâchement eft évident même, aux plus libertins. Qui
» pourra croire que les premiers chefs de la Comp. de Jef. fe
» font rendus les chefs de la trahifon la plus barbare qui ait
» éclaté jufqu'à nos jours « ? En France, le Parlement de
Paris donne dans l'*Extrait des Affertions* la preuve la plus
authentique que les foi-difans Jéfuites enfeignent & prati-
quent non-feulement l'abominable Doctrine du régicide,
mais même toute doctrine contraire à la faine Doctrine de
Jefus-Chrift. Eft-ce qu'en France il n'y a plus d'Evêques
par la bouche defquels Jefus-Chrift inftruife fon Eglife fur
toutes les vérités neceffaires au falut ? Eft-ce que le Clergé
de France fouffrira lâchement que M. de B... defenfeur &
fauteur de la Doctrine des foi-difans Jéfuites, ne remonte
point en Chaire pour abjurer l'erreur Pélagienne qu'il a prê-
chée le 19 Septembre 1756 ? Saint Pierre fut bien obligé
de confeffer Jefus-Chrift autant de fois qu'il l'avoit renié.
Ce Chef des Apôtres coupa avec trop de précipitation l'o-
reille du ferviteur du Grand-Prêtre, & fut repris avec douceur de fon divin Maître, qui lui dit de remettre l'épée dans
fon fourreau. Il faut que M. de B... en faffe tout autant
pour être digne de paître les Brebis de Jefus-Chrift, qu'il
ne retranche plus de l'Eglife & de la participation aux Sacremens, ceux que fon zele inconfideré en a voulu retran-
cher, & qu'il écoute à préfent, non la voix des foi-difans
Jéfuites, qui lui crient fans ceffe, d'une bouche de proftituée,
Coupez, divifez, excommuniez ; mais la voix de Jefus-
Chrift, qui lui crie du haut des Cieux, d'une bouche paftorale : » Remettez votre épée dans fon fourreau ; ne re-
» tranchez point de mon Eglife ce qui m'eft uni par les
» liens de ma charité : apprenez de moi que je fuis doux &
» humble de cœur ; Je fuis le pain vivant, vraiment def-
» cendu du Ciel pour ceux-là même que vous jugez indignes
» d'y participer ; Je fais la Pâque avec mes Difciples ; Je
» fuis le bon Pafteur : le bon Pafteur donne fa vie pour
» fes Brebis ; il n'y a que le Mercenaire qui les égorge.
  (a) Saint Pothin a occupé le Siége de Lyon, actuelle-
ment rempli par M. de Montazet, Primat de France. Cet

Au climat Tranſalpin (*b*) il eſt mon Vice-Roi.
Mes oracles chez lui ſont articles de foi.
Si quelqu'un pour un Dieu ne veut point me
    connoître,
Pour lui fermer l'Olympe, il a ſoudain un Prê‑
    tre (*c*),
Qui ſéduit par l'eſpoir d'être récompenſé,
En un ſombre cachot eſt ſouvent enfermé.
Mais un Soldat perdu n'allarme pas les autres :
Le Pontife a toujours de ſemblables Apôtres.
Sa volonté conſtante à repouſſer Thémis,
Rend les autres Prélats (*d*) nos fideles amis.

Archevêque a rendu une Ordonnance pour les Hoſpita‑
lieres contre le jugement qu'en avoit porté M. l'Archevê‑
que de Paris, qui a accuſé ſon Primat d'avoir favoriſé &
perpétué le Janſéniſme, d'avoir attenté à l'autorité de
l'Egliſe, d'avoir compromis le fondement de la Reli‑
gion, d'avoir propoſé un triomphe à ſes ennemis, &
d'avoir donné un grand ſcandale aux Catholiques. Dans
la derniere Aſſemblée Diocéſaine de Lyon, entr'autres
chefs décidés, il a été ſtatué de ne rien décider pour le
don gratuit à l'Aſſemblée prochaine du Clergé de Fran‑
ce, que le Roi n'eût caſſé par un Edit de ſon Conſeil l'Or‑
donnance de M. de Montazet. Le Roi en a jugé autrement,
& a fait donner des ordres pour faire tenir une autre Aſ‑
ſemblée Diocéſaine de Lyon. Voilà deux Siéges oppoſés
de ſentimens. Celui de Lyon ſoutient la Doctrine d'un
Succeſſeur des Apôtres. Celui de Paris eſt le défenſeur des
Jéſuites, deſtructeurs de toute doctrine Apoſtolique, &
déclarés infâmes par les Parlemens. De quel côté eſt le
ſcandale ?
  (*b*) Selon l'ancienne diviſion des Gaules, tout ce qui
étoit au-delà des Alpes juſqu'à l'Océan, s'appelloit Gau‑
le Tranſalpine ; & ce qui étoit en-deçà des Alpes, par
rapport à Rome, s'appelloit Gaule Ciſalpine.
  (*c*) M. de Cuſſac, Vicaire de Saint Médard, actuelle‑
ment détenu dans les priſons du Châtelet de Paris pour
refus de Sacremens.
  (*d*) Tous les Prélats de France ne ſont point les fide‑
les amis de la Société ; c'eſt une juſtice que je dois ren‑
dre à ce Corps reſpectable, qui ne renoncera jamais au
glorieux avantage qu'il a d'être la colomne & le fonde‑
ment de la vérité, d'être envoyé en France pour en‑

Il leur sert de modele, & leur montre la route
Qui conduit un Héros à la céleste voûte.
Un long exil souffert pour la Société (b),
Fait sa gloire, & l'éleve à l'immortalité.
Qu'il soit dans Jouvency (c) placé même d'a-
    vance,
Au rang de nos Martyrs, pour la foi morte en
    France.
Souvent le sang versé ne fait point le martyr,
Et la cause le fait, jointe avec le désir.
Quelle cause est plus noble, est plus grande, est
    plus belle
Que celle que défend sa sçavante cervelle?

seigner toute vérité aux François, & aux autres Peuples
de l'Univers, si la voix de Dieu les appelloit à leur con-
version. Il y en a plusieurs d'entr'eux qui ne sont point
d'avis de conserver l'Enseignement aux soi-disans Jésuites. D'autres avoient amassé des armes pour combattre
l'Arrêt du Parlement de Paris, qui enleve à la Société
l'Enseignement de la Jeunesse, & qui les ont laissé tomber de leurs mains, quand ils ont vu la Cour approu-
ver la conduite modérée de ces Magistrats, dont les oreil-
les ont été de nos jours plus chastes & plus Chrétiennes
que les leurs, & dont les yeux ont été plus vigilans contre les surprises du Lion rugissant qui tourne sans cesse
autour de nous pour nous dévorer. C'a été un prodige
étonnant que la Grand'-Chambre se soit réunie l'année
derniere pour condamner les Jésuites dans l'usurpation
qu'ils faisoient des biens temporels. Quel prodige ne se-
roit-ce pas, si nous voyions le Clergé de France se réunir
pour les condamner dans la profanation qu'ils font de
tout ce qu'il y a de plus saint dans le Sanctuaire de Dieu
sur la terre, qui est l'Eglise! Ils n'ont qu'à suivre l'exemple d'un Prédécesseur de M. de Beaumont : c'est M. du
Bellay. Ce Pere du Concile de Trente ne concentre point
l'Eglise dans sa Société; & il appelle ARROGANT ce que
M. de Beaumont appelle SAINT. Laquelle des deux consciences est la meilleure?

(b) M. l'Archevêque de P. a montré de la fermeté,
non pour la grande gloire de Dieu, mais pour la grande
gloire de la Société, qui mérite à présent d'être foulée
aux pieds comme la plus sale de toutes les ordures.

(c) Jouvency, Historien de la Société, qui a déclaré

C'eſt la cauſe d'un Dieu qui depuis deux cens ans
Commande en Souverain aux Rois les plus puiſ-
   ſans (a),
Diſpoſe à ſon profit des Mitres, des Couronnes,
A partout des Sujets indépendans des Thrônes;
Change, caſſe une Loi, ſans dire le ſujet;
Dans le monde connu fait tout ce qui lui plaît;
Laiſſe au Maître du Ciel le ſéjour du Tonnerre,
Et tient ſeul dans ſa main le Sceptre de la terre.
   Par-là, cher Patouillet, juge de la valeur
D'un Prélat qui d'Ignace eſt le grand défenſeur.
   Il dit; & l'Aquilon qui par aucune entrave
N'étoit au Général lié comme un Eſclave,
Prend ſa forme ordinaire, & traverſant les airs;
Va répandre l'Arrêt dans le vaſte Univers.

Saints ceux qui ont été brûlés pour crime de leze-Ma-
jeſté.
(a) Le Dieu de M. l'Archevêque de P... eſt un phantôme que les Jéſuites ont mis dans ſa tête; ce bon Prélat s'imagine que la Société de Jeſus & l'Egliſe ne font
qu'une même choſe; & qu'en détruiſant cette Société, l'on
détruit l'Egliſe. L'Egliſe eſt animée de l'eſprit de Dieu.
La Société eſt animée de l'Eſprit du Diable. Parce que
les Compagnons d'Ignace ont dit qu'ils étoient les SEULS
qui faiſoient & conſtituoient l'Egliſe, s'enſuit-il de là
qu'ils le ſoient effectivement? Ce fou des Petites-Mai-
ſons qui diſoit qu'il étoit le Pere Eternel, l'étoit-il véritablement? C'eſt par les fruits & les œuvres que l'on connoît les arbres & les Prophetes. Par les œuvres de la Société des ſoi-diſans Jéſuites, M. l'Archevêque de P...
devroit bien à préſent connoître que cet aſſemblage monſtrueux d'hommes pervers en tout genre, ne peut faire
& conſtituer l'Egliſe, qui au lieu de s'armer d'un poignard pour aſſaſiner les Rois, baiſſe elle même ſon cou
ſous le glaive des Bourreaux; & que la véritable idée qu'il
devroit ſe former de la Compagnie de Jeſus, eſt celle
qu'en a donnée l'Auteur de ces Vers:

     Et toi, Cabale inſociable,
     Sous le nom de Société,
     De ton pouvoir inſatiable
     Vois détruire l'impiété;

C

Vois fortir de tes mains profanes,
De l'Exil, où tu les condamnes,
Et des fers, où tu les retiens,
Ces grands Cœurs, ces Efprits fublimes,
Qui n'ont jamais eu d'autres crimes
Que d avoir combattu les tiens.

F I N.

LETTRE À UN AMI.

JE vous envoie l'extrait d'une Lettre d'un des plus beaux efprits de la Société. L'efpece de prophétie qu'elle contient, femble ranimer l'efpérance des gens de bien, & annoncer à Ifraël la fin de fes malheurs & le terme de fa captivité. Un Roi, l'amour de fes Sujets, fe difpofe à rendre à la Religion le fervice le plus fignalé, & à lui donner, par la deftruction des faux-Prophetes, un témoignage authentique de fon zele & de fon attachement pour elle. Célébrons dans nos cantiques d'actions de graces le nom de ce Roi BIEN-AIMÉ ; reprenons avec courage nos Lyres fufpendues, que la douleur nous avoit fait abandonner; effuyons les pleurs que nous répandions fur les bords infortunés du fleuve de Babylone. La vengeance eft fur le point d'éclater fur les Incirconcis ; leurs iniquités font parvenues à leur comble ; le mafque de la Religion vient d'être ôté du vifage de ces Hypocrites. On reconnoît l'abus qu'ils faifoient de cet extérieur trifte & mortifié ; on les a dépouillés de ces peaux d'agneaux dont ils fe revêtoient pour féduire les Brebis. Ce Coloffe orgueilleux, qui prétendoit à la domination univerfelle , va être détruit ; fachute éclatante étonnera toute la terre , & rendra le repos au Monde chrétien en affurant fon bonheur.

Extrait de la Lettre du P. LAN . . . Jéfuite.

» L A nuit du préjugé eft trop profonde , la
» tempête eft trop violente, nous n'échappe-
» rons point au naufrage. Je ne fçais pas ce que
» l'Etat gagnera à la deftruction de la Société ; je
» fouhaite que la Religion n'y perde rien. Il eft
» vrai que le fuffrage des Evêques affemblés a été
» hautement en notre faveur ; mais il ne fermera
» pas le tombeau ouvert & creufé pour nous rece-
» voir, il nous fervira feulement d'épitaphe ho-
» norable.

Réponfe à la Lettre du Pere LAN . . . Jéf.

AUX JÉSUITES.

D ESTRUCTEURS de tout bien, inftigateurs
du mal (a) ,

(a) Barriere partit de Lyon avec la réfolution d'affaffiner Henri IV. par le confeil des Jéfuites de cette Ville. Le Scélérat arrive à Paris , & apprenant l'abjuration du Roi , laiffe tomber le poignard de fes mains. Varade , Jéfuite , le ramaffe , le place fur un Autel , l'orne d'un ruban beni, le lui remet, l'encourage à exécuter le crime projetté, & lui perfuade qu'il fera une action méritoire du falut. Les Jéfuites , pour excufer Varade , ont avancé que Barriere ayant déclaré à ce Recteur , qui étoit fon Confeffeur , l'in-

Parjures (*b*), imposteurs, semeurs de zizanie,
Vrais Enfans de la nuit, Race de Bélial,
Jésuites, de Jesus indigne Compagnie,

tention qu'il avoit de ne point tuer Henri IV. devenu Catholique, Varade répondit » qu'il ne pouvoit lui en don-
» ner avis, étant Prêtre, vû que s'il le lui conseilloit, il en-
» courroit l'irrégularité, & par conséquent ne pourroit
» point dire la Messe, laquelle toutefois il vouloit dire in-
» continent «.... Il auroit bien mieux valu que Barriere ne
fût point devenu assassin du meilleur de tous les Rois, &
que Varade n'eût jamais dit la Messe. Mrs les Evêques,
voilà les Prêtres à qui vous confiez les terribles fonctions
du Sanctuaire de Jesus-Christ : ils ne s'approchent des saints
Autels que pour engager des scélérats à répandre le sang
des Têtes couronnées.

(*b*) Le Pere Coëffier, Jésuite, écrivant le 26 Avril 1762
du college de Tours dont il étoit Recteur, au Pere de la
Croix, Provincial de la Province de France à Paris, lui dit :
» Tout est saisi dans notre Maison comme à Paris depuis
» Vendredi dernier ; nous avons deux Gardes dans notre
» Maison, qui y restent jour & nuit. On a pareillement
» saisi tous nos effets que nous avions dans nos campa-
» gnes ; nous avions auparavant SAUVÉ ce que nous avions
» pu «.... Cette Lettre est parvenue jusqu'au Procureur du
Roi de Tours, qui le Jeudi 29 Avril la porta au college
avec le Lieutenant-général pour continuer l'inventaire. Le
Pere Coëffier est interpellé de déclarer les recélés ; ce Recteur en fait un deni formel, & l'affirme par serment. Alors
on lui montre sa lettre ; il la reconnoît, & avoue qu'on a
sequestré quelques effets, qui ont été deposés chez le sieur
Abbé du Perche, Chanoine de St. Martin. Le Domestique
de ce Chanoine devient aussi dénégateur par le conseil d'un
autre Jésuite ; & le sieur Abbé du Perche lui même est fidele
disciple du Recteur du college de Tours. Suivant la doctrine de la Société le Pere Coëffier, le sieur du Perche &
son Domestique avoient tous trois raison de nier le recélé
devant les Juges séculiers, qui ne sont point compétens pour
interroger les Ecclésiastiques, lesquels ne sont point Sujets
du Roi. Emmanuel Sa l'a dit : *Assert. in-4°. p. 411.* Ce Jésuite a aussi enseigné que toute personne qui n'est pas in-
terrogée LEGITIMEMENT, peut répondre qu'elle ne sçait
rien de ce qu'on lui demande ; *Idem. p.* 295, & qu'elle peut
JURER devant le Juge qu'elle ignore un secret que ce Juge
veut tirer d'elle. *Idem. p.* 296.

Le préjugé fuccombe , & les yeux font ouverts ,
La vérité triomphe , & chaffe les nuages.
Le jour paroît ; fuyez , Tyrans de l'Univers ,
C'eft du fein des forfaits que naiffent les orages.
Tremblez ; Louis a mis la foudre dans fa main ,
Des Monftres dangereux il va purger la terre ;
Des fuperbes Tyrans éprouvez le deftin ,
Sur vos têtes le Roi fait gronder fon tonnerre.
Politiques fameux , vous craignez pour l'Etat ?
Pour la Religion vous feignez des alarmes ?
Votre chute à jamais retablit leur éclat ;
Pour les jours de nos Rois vous tariffez nos lar-
    mes.
Ne cherchez point à rendre un Livre vicieux ,
En lui communiquant votre affreufe Doctrine ;
Thomas eft pour les Rois toujours religieux (c) ,
Et vous verfez leur fang depuis votre origine.

(c) A Touloufe , pour faire diverfion , les Jéfuites ont
imaginé de faire dénoncer par un jeune Confeiller de la
Cour la Somme de St. Thomas , comme contenant la Doctrine du Régicide. Il a été délibéré que les Conftitutions
des Jéfuites imprimées à Prague en 1757 étant l'objet
principal de l'affemblée des Chambres , il falloit ftatuer
là-deffus : ce qui a paffé à la pluralité des fuffrages. Ces
fins Renards avoient voulu à la Grand'Chambre du Parlement de Paris réunir tous les Créanciers enfemble pour
appointer l'affaire des Lioncy , & la rendre interminable.
Mrs les Avocats fimplifierent la Caufe , & leur adreffe ,
jointe à leur éloquence , leur procura la gloire de triompher d'un ferpent formidable , accoûtumé depuis deux
fiécles à s'entortiller dans mille replis. Ce que l'on doit
dire avec jufte raifon à la louange des Difciples de faint
Thomas , c'eft qu'ils n'ont point enfeigné la Doctrine du
Régicide comme les Jéfuites , qui depuis Emmanuel Sa en
1590 ont fucceffivement & fans interruption enfeigné &
pratiqué cette Doctrine abominable jufqu'au 3 de Septembre 1758. La pratique de ce Machiavélifme les a fait chaffer de Portugal : c'eft beaucoup ; mais ce n'eft pas encore
affez. Mrs les Evêques ont des armes dont ils n'ont point
encore fait ufage contre la Société des foi-difans Jéfuites ;
c'eft le plus dangereux ennemi qui ait paru dans le monde
depuis la naiffance de l'Eglife , parce qu'il faut fe le re-

Guignard, Châtel, Damiens, facrileges Mortels,
Vous ne fouillerez plus les faftes de l'Hiftoire :
Du Fanatifme aveugle on détruit les Autels,
Et de votre art impie on profcrit la mémoire.
Thémis aux coups certains que fa main va por-
ter,
Sous vos pas chancelans vous creufe des abymes ;
Sur la faveur des Grands vous ceffez de compter,
Le Bras qui vous foudroie eft le vengeur des cri-
mes,
Vengeur de Port-Royal.... fes décombres facrés
S'elévent contre vous ; de vos têtes altiéres
Ils accablent l'orgueil : fes Enfans maffacrés
Retracent au Sénat vos fureurs meurtrieres.

préfenter comme un Monftre qui a fur fon cou autant de
têtes qu'il y a eu d'héréfies à combattre. Le Parlement de
Paris en a abattu vingt-quatre qui font de fa compé-
tence, avec le glaive de Thémis, & laiffe au Clergé de
France l'honneur d'abattre celles qui ne peuvent tomber
que fous les coups du glaive de l'efprit, & de la parole de
Dieu, dont il eft l'organe & le Miniftre. Cette parole
divine a commencé à fe faire entendre avec force dans
un Mandement donné à Angers le 18 Avril 1762. [Le
18 Avril eft funefte à la Société. Il y a dix ans (en 1752)
que le Parlement de Paris donna à cet Arbre fi dan-
géreux un coup de fon Glaive, qui a été mortel.] Mr de
GRASSE, Evêque d'Angers, quoiqu'il ait été favorable
aux Jéfuites dans la derniere Affemblée convoquée par
Sa Majefté au fujet de l'Inftitut defdits Jéfuites, &
tenue chez Mr le Cardinal de Luynes, Archevêque de
Sens, a véritablement parlé un langage tout oppofé à
la Doctrine de ces Corrupteurs de la Morale Evangéli-
que. On y lit avec plaifir, page 16 : » La premiere caufe
» du peu de fuccès de la plûpart des Miffions, eft que....
» l'on s'imagine que pour rompre les liens du péché ....
» on n'a befoin que des graces extérieures .... au lieu
» que l'on ne doit s'appuyer que fur le BRAS du Tout-
» Puiffant .... implorer l'affiftance de fa grace médici-
» nale, qui feule peut changer notre volonté, *opérer*
» *en nous le bon vouloir & les bonnes actions, & nous*
» *rendre agréables à fes yeux.* «

CHAUVELIN vous demafque, & l'on frémit
    d'horreur ;
De vos fombres Statuts il perce les myfteres,
Et de l'impiété fondant la profondeur,
L'erreur fe manifefte aux traits de fes lumiéres.
CHALOTAIS, CASTILLON, généreux Défenfeurs
De la Religion, des Loix, de la Patrie ;
Des affaffins des Rois detournant les fureurs,
Vous rendez à nos cœurs & l'efpoir & la vie;
Qu'entends-je!... le Sénat profcrit fes Ennemis ;
Là vertu dans les fers lui doit fa délivrance :
Ces Monftres terraffés affurent à LOUIS
Le repos, le bonheur, & l'amour de la France.

FIN.

Fautes à corriger.

Page 1, note (*a*), *lifez.* A Lyon & dans plufieurs Villes
du Royaume, l'on a répandu des prétendues Lettres de
Juffion par lefquelles le Roi caffe & annulle l'Arrêt que
le Parlement (féant à Rouen) a rendu le 12 de Février
1762 contre les foi-difans Jéfuites.... Il n'y a rien de fi
faux que ces Lettres de Juffion ; comme elles ont été
pareillement diftribuées à Caën , le Parlement féant à
Rouen , fur la dénonciation qui lui en a été faite par
un de Meffieurs les Confeillers le 31 Mars 1762 , a rendu
un Arrêt qui ordonne qu'il fera informé par-devant le
Lieutenant Criminel de Caën contre les auteurs & dif-
tributeurs de ces fauffes Lettres de Juffion.
Page 3 , *lig.* 6 , *lifez* 51 , *au lieu de* 45 ; c'eft ce nombre
de 45 Prélats de France Confervateurs de la Société
des foi-difans Jéfuites.
Ibid. lig. 8 , *lifez* , prefque tous les Parlemens & les Con-
feils Souverains.
Page 7 , *lig.* 15 , *lifez* , ce Procureur Général du Roi.
Page 13 , *lig.* 20 , *lifez* , en une Maifon de Miffion , où
étoit le Pere d'Irlande , Jéfuite.
Page 35 , *lig.* 11 , *lifez* 51 , *au lieu de* 45.

www.ingramcontent.com/pod-product-compliance
Lightning Source LLC
LaVergne TN
LVHW022018080426
835513LV00009B/775